Universale Economica Feltrinelli

MANUEL VÁZQUEZ
MONTALBÁN

STORIE DI PADRI E FIGLI

Traduzione di Hado Lyria

Feltrinelli

Titolo dell'opera originale
HISTORIAS DE PADRES E HIJOS

www.vespito.net/mvm

Traduzione dallo spagnolo di
HADO LYRIA

Prima edizione nell'"Universale Economica" marzo 2001

ISBN 88-07-81637-7

Storie di padri e figli

Nessuno può sfuggire a questo rapporto. Siamo tutti figli di qualcuno, nonostante ci sia chi a sua volta si rifiuta di essere padre. Pertanto, il titolo di queste tre storie riguarda ogni potenziale lettore. D'altro canto, ogni racconto, per breve o lungo che sia, è pieno di padri e figli o di figli e padri.

Ma credo, e da questo nasce il titolo generico del volume, che le storie qui raccontate si basino soprattutto sulle caratteristiche, anormali o subnormali, presentate talvolta dal rapporto tra padri e figli. In *Ne ho fatto un uomo,* il padre padrone e patriarca cerca di guidare il destino del figlio quasi fosse la continuazione del proprio. Nel racconto *Da tetti e terrazze* è il figlio, un adolescente, a proteggere il padre logorato e distrutto da fallimenti di ogni genere. Il rapporto madre-figlia in *Cercasi Shahrazad* è stato da me trattato in modo quasi comico.

Che questi ingredienti paterno-filiali siano importanti non significa che siano fondamentali all'interno di quell'unità che ogni proposta letteraria deve raggiungere, al di sopra delle sue parti e dei suoi ingredienti. *Ne ho fatto un uomo* è inoltre una modesta riflessione sulla relazione tra legale e illegale, tra le parole e i fatti. Quanto a *Da tetti e terrazze,* a suo tempo mi servì per tracciare un primo bozzetto di materiale letterario per la descrizione del Distrito V barcellonese che perfezionai nella stesura di *Il pianista*. Perfino il personaggio centrale di questo racconto, Young Serra, è lo stesso Young Serra che compare, giovane e promettente, nella seconda parte del *Pianista*.

Cercasi Shahrazad è un racconto scherzoso sulla Costa del Sol, che si è arrogato il diritto di utilizzare immagini già sfruttate dall'industria dell'informazione e della cultura. Esiste ormai un'elaborata convenzione su come si vive e su chi vive nella Costa del Sol che non corrisponde alla realtà, ma che funziona come cliché, pubblicitario perfino, di un palcoscenico umano per turisti. L'autore, cioè io, si è creduto in diritto di lavorare un po' di fantasia su questi stereotipi, esagerando i toni e la voglia di caricatura.

Il fatto che in *Cercasi Shahrazad* appaiano personaggi reali della jet society spagnola, anche di quella detta "celtiberica", in quanto legata alla tradizione più retrograda, non significa che siano così come appaiono nella narrazione. L'autore non ha il piacere di conoscerli realmente e ne ha pertanto un'opinione personale. Ma li conosce come eroi di carta o dello schermo e si limita a compiere una manipolazione di quella che già di per sé è una semplice manipolazione accettata dagli stessi manipolati.

M. Vázquez Montalbán

Da tetti e terrazze

Tra tutte le malattie volontarie, nessuna lo infastidisce quanto la nostalgia. Da bambino gli spiaceva staccarsi dagli oggetti che gli avevano tenuto compagnia nelle tasche dei pantaloni, nei cassetti disordinati della scrivania, negli angoli segreti della sua camera-tana. Qualsiasi cosa, anche un vecchio tozzo di pane, aveva una storia e serbava un momento del passato. Deve aver cambiato atteggiamento a un certo punto della vita, e ricorda se stesso incuriosito davanti a un album di foto di famiglia ereditato dai genitori, in particolare dalla madre: quel pozzo di sapienze emozionali e di memorie che risalivano a tre generazioni prima e a un povero albero genealogico dai rami poderosi. Morti i genitori, Carvalho aveva dedicato una sera a interrogare i volti presenti nell'album di foto. Ma tu chi sei? Che cosa ci fai qui? Per quale motivo dovresti far parte dei miei ricordi? In un certo senso, sua madre gli aveva affidato il pesante fardello di conservare la memoria familiare, ma a Carvalho la responsabilità parve eccessiva e bruciò l'album nel caminetto di casa, lo bruciò insieme alla tristezza e al rimorso, altrimenti per tutta la vita l'anima gli avrebbe lacrimato davanti a ogni foto sconosciuta, a ogni tentativo fallito di domandare alla madre morta: Chi è questo qui? Che cosa ci fa tra questa gente? Che cosa lo lega a noialtri? E quando passeggiava nella sua autentica patria, il Distrito V, si rifiutava di compiacere le viscere della nostalgia soffermando gli occhi su persone o luoghi che sembravano chiamarlo. Ma nonostante tutto, la nostalgia resta acquattata e ci aggredisce quando meno ce l'aspettiamo, per telefono, come ora, il genio del telefono gli ha lasciato nella stanza due colonne di fumo e quando sono svanite, eccoli lì, don Joaquín e la signora Asunción, sconcertati dall'invito a presentarsi, incapaci di riconoscere in Carvalho quel ragazzo che contemplava con più curiosità che interesse gli allenamenti del loro figlio sul terrazzo. Erano due vecchi seri e mobili, con un'agilità sospetta, da animale con la fretta. Un qualsiasi osservatore, per quanto distante, avrebbe dedotto che avevano fretta di vendere la loro merce.

"La Prensa!"

"Il Ciero!"

...i due giornali della sera barcellonese che portavano in tanti piccoli pacchi avvolti in fazzolettoni campagnoli. Morirono quasi insieme, il nome di uno dei due giornali della sera sulle labbra e la stessa ostinazione da bestie spronate da uno scopo remoto. Può darsi che avessero appena fretta di morire e lasciare Young solo davanti al suo destino di padre quarantenne e abbandonato, avendo come unica compagnia quel bambino pallido e con le occhiaie che non si staccava dalla sua ombra di ubriacone, alto come lui, Young Serra, peso mosca. I nonni avevano nascosto la loro paura o angoscia di fronte all'avvenire che aspettava il nipote, anche se non avevano mai condannato l'ansia di autodistruzione del figlio. Era stato sfortunato, diceva il vecchio, talvolta, quando qualcuno osava chiedergli perché Young si ubriacasse così tanto o quando ficcava il naso nella faccenda della moglie che l'aveva piantato. È una lotteria. A qualcuno tocca in sorte una puttana. Ma nel quartiere era risaputo che Young, ubriaco, era una bestia temibile e che nelle sue sbronze più disperate aveva picchiato la moglie fino a farsi odiare da lei in modo assolutamente radicale, al punto che la bella bionda pallida che si abbronzava a mezzogiorno sui terrazzi era scomparsa senza dare spiegazioni, lasciando il figlio alle cure di Young e dei nonni. Tenero con il bambino, colpevole nei confronti dei genitori, violento con se stesso, Young mollava pugni contro il muro e aveva le mani come poderose scatole piene di ossa rotte. E quando i vecchi morirono, la malinconia di Young si tradusse nelle sue passeggiate sui terrazzi all'imbrunire, passando di casa in casa, saltando su tetti e altane, da un capo all'altro del caseggiato, scrutando le scogliere formate dai balconi sulla strada, i varchi trasformati in parcheggi o in un flusso continuo di traffico che si inoltrava nel quartiere vecchio. Conservava ancora l'agilità della gioventù, quando negli anni quaranta aveva vinto un guanto d'oro come peso mosca nella categoria dilettanti, ed era arrivato a battersi per il titolo di campione della Catalogna con scarsa fortuna, una, due, tre volte, sempre con scarsa fortuna. Sapeva muovere le mani, dicevano i critici, ma aveva la mascella di vetro, così aveva scritto Néstor Luján proprio su "El Noticiero". Una sera, durante una di quelle sue passeggiate su tetti e altane, Young Serra perse l'equilibrio e andò a sfracellarsi sulle piastrelle del cortile interno perché dalla testa rotta gli uscisse una massa di cervello e sangue che annusò diffidente un vecchio gatto avventuroso, conosciuto nel vicinato con il nome di Papet.

Un fantasma dell'infanzia e dell'adolescenza, si disse Carvalho quando riattaccò il telefono. Un vecchio compagno di quartiere e di scuola gli aveva fatto sapere della morte di Young Serra e annunciato l'ora dei funerali. Non andrò ai funerali. O ci vado? Young Serra.

"Biscuter, hai mai sentito parlare di Young Serra?"

"No, capo."

"Un peso mosca degli anni quaranta."

"Io allora ero molto piccolo, capo. Forse non ero nemmeno nato."

"Non era niente male. Si allenava sui terrazzi del mio quartiere. Io ci salivo per vederlo boxare contro la sua ombra o contro un vecchio sacco pieno di terra."

"Era amico suo, capo?"

"Non so. Era il mio spettacolo preferito. I suoi genitori vendevano giornali e lui era il prodigio del quartiere, il ragazzo di cui parlavano sui giornali, Young Serra peso mosca, aspirante al titolo di campione della Catalogna per i pesi mosca."

"Un peso da nulla, capo."

"Quasi non è manco un peso, Biscuter."

Carvalho agitò il braccio nell'aria, come se volesse cancellare il ricordo o la semplice tentazione di nostalgia.

"Fantasmi."

Fantasmi o no, gli pareva di rivivere le scene sui terrazzi del dopoguerra, quando il cibo scarso li spingeva verso il sole, simili a povere piante in cerca dell'unico nutrimento gratuito e non razionato. Il sole. E sotto il sole del tramonto, sui terrazzi si costruiva una vita parallela a quella nelle strade, libera perfino dalle paure ereditate dal conflitto bellico o dalle nuove paure imposte dalla miseria storica del franchismo. Vecchi in cerca del plasma solare, giovani disoccupati o mal occupati che ruminavano i loro ricordi di guerra o le loro speranze di vita e di storia. Gente in subaffitto in poveri alloggi in quartieri smantellati pieni di sconfitti, quella mezza Spagna fuori luogo, quella mezza Spagna che annaspava in cerca del proprio posto al sole.

"Tu, Biscuter, che cosa facevi negli anni quaranta?"

"Ero molto piccolo e stavo nell'ospizio Durán. O no? Questo forse mi è capitato in seguito."

Non aveva più l'età perché minacciassero di rinchiuderlo nell'ospizio Durán, ma ai ragazzi più discoli del quartiere o del caseggiato veniva detto: ti faremo rinchiudere nell'ospizio Durán. Young era stato carne da ospizio o da Tribunale tutelare per minorenni, ma lui i genitori li aveva. Il signor Joaquín e la signora Asunción. Lei, alta come un soldo di cacio, non pesava più di quaranta chili. Era una donna tutta nervi, capace di mollare al figlio certi ceffoni che gli facevano perdere l'equilibrio, per farlo rigare dritto. Lui voleva essere un campione, ma era un ragazzo senza volontà e subito dopo la morte dei genitori crollò a pezzi. Aveva cercato ripetutamente di riprendere con la boxe, e ogni volta ne usciva più suonato, più distrutto. Negli ultimi anni si era fatto vedere qualche volta, da lontano, ubriaco. Ehi, Pepe!, gli aveva gridato non molto tempo fa, mezzo affacciato alla porta del bar. Ma Carvalho aveva proseguito per la sua strada senza badargli. L'ex pugile gridava il nome del detective ossessionato, incapace di uscire e corrergli dietro, ma Carvalho era stato implacabile. Gli seccava girare per le strade raccogliendo vittime, soprattutto se queste vittime facevano parte della sua stessa vita.

"Non mi piacciono i funerali, Biscuter."

"Nemmeno a me, capo."

"La gente dovrebbe morire in bagno, e con la radio accesa. E poi, tutto andrebbe fatto in fretta. La persona più cara dovrebbe mettere il morto in un marchingegno per le eliminazioni fisiche. Detto fatto. Ma tutto questo rituale macabro della chiesa, del prete, del cimitero, dei parenti in lacrime, delle condoglianze. Che merda."

"Invece a me, capo, piacerebbe avere tanta gente al mio funerale. E un necrologio sul giornale. È molto caro?"

“Se muori prima di me, te lo faccio, Biscuter.”
“E che direbbe, capo?”
“Il mio forte non è la letteratura, Biscuter.”
“Faccia uno sforzo, capo.”
“Ci è venuto a mancare Biscuter...”
“Io mi chiamo José Plegamans Betriu.”
Vale a dire che Biscuter non si chiamava Biscuter.
“Ebbene: ci è venuto a mancare José Plegamans Betriu, più noto come Biscuter, stimato professionista nel campo dell’investigazione criminale... o no, forse è meglio specificare criminalista...”
“Verrò preso per un criminale.”
“Un criminalista è colui che studia i crimini e i criminali. Qualcosa di molto prestigioso. Continuo: noto criminalista. Dopo una lunga malattia, vissuta con esemplare rassegnazione...”
“Non mi auguri una lunga malattia, capo, e nel caso la dovessi patire, escluda la rassegnazione. Propinerò certi morsi al dottore e alle infermiere... Ma continui, capo, mi sembrava molto bello.”
“Dopo una schifosa malattia vissuta con indignazione, è spirato ieri circondato dall’affetto e dalla considerazione di un cinquanta per cento dei bottegai del Barrio Chino di Barcellona. Il suo capo, Pepe Carvalho, e i suoi amici Charo e Bromuro vi invitano ad accomiatarvi da un tanto singolare personaggio. Durante il funerale verrà eseguito il brano musicale *L’assedio di Saragozza* a cura della banda municipale della città.”
“Preferisco un bolero di Machín. Quello tanto bello che dice *si vive soltanto una volta*.”
E Biscuter lo canta, con la speranza di poterlo fare, personalmente, anche il giorno in cui verrà seppellito.

La chiesa del Carmen venne costruita a suo tempo per risolvere il problema di riempire lo spazio occupato dal convento delle Geronime, arso dal proletariato barcellonese durante la Settimana Tragica. Era un tempio povero, di mattoni e ceramiche decorate per un quartiere povero, con qualche inserto di modernismo stilizzato, perché il modernismo barocco sorgeva dalla Gran Vía in su, là dove iniziava la città della borghesia. Ma ora dalla chiesa emanava quella dignità architettonica che il tempo concede agli edifici che non invecchieranno mai e che si sono guadagnati uno spazio nel paesaggio urbano. All'interno Carvalho è atteso da un freddo antico, probabilmente quello che vi aveva lasciato il giorno dei funerali della madre. C'è così poca gente disposta ad accompagnare Young che i passi risuonano mettendo in allarme il silenzio abituale e costringendo a lasciare intervalli per rumori sproporzionati. Qualche vecchio volto riconoscibile, alcuni sguardi che si incrociano e che potrebbero essere un saluto, ma soprattutto il consueto rituale dell'officiante e un rituale a buon mercato pagato dall'assicurazione.

"Fa freddo."

"Le chiese sono più fredde nei giorni feriali."

"Hai ragione."

"E ancor più fredde quando sono vuote, come oggi."

Pedro Porta assentì di nuovo, forse per farlo tacere e per non sovrapporre la sua voce alle ultime litanie del prete.

"Poca gente."

Pedro Porta continuava a essere lo stesso ragazzo inquieto e curioso capace di orientare ciascun occhio, ciascun orecchio, ciascun piede, ciascuna mano in direzioni diverse.

Una fila di gente pronta a fare le condoglianze scorreva davanti al bambino piagnucolante e a un vecchio distrutto con la solitudine dipinta in viso che si passava il basco da una mano all'altra.

"Chi è il vecchio?"

"Un fratello del padre di Young. È venuto dal paese per i funerali."

Carvalho non riusciva a staccare gli occhi dalla tristezza lacrimosa del bambino.

"Il piccolo sembra sconsolato."

"Voleva molto bene a suo padre, nonostante i guai. Infatti, era soprattutto lui a curare il padre, non viceversa, e quando qualcuno del vicinato se la prendeva con Young perché era ubriaco il bambino lo difendeva come un gattino."

"E la madre?"

"Non se ne sa nulla. Si era nascosta così bene per non farsi trovare da Young che se ne sono perse le tracce."

"Che ne sarà del ragazzino?"

"I vicini di casa gli stanno cercando un parente o un ospizio."

Carvalho abbassò gli occhi, guardò per terra e mormorò: "Merda. Sono passati più di trent'anni e continuano a esserci gli ospizi e i bambini minacciati di finirci dentro. La ricchezza e la miseria cambiano soltanto d'aspetto, ma continuano a segnare le differenze".

"Vai al cimitero?"

"No. Sarebbe eccessivo."

Porta salì sull'auto dell'impresa funebre che portava il figlio e lo zio di Young. Carvalho rimase senza un progetto di vita e gironzolò nel quartiere in cerca di punti di riferimento per ricostituire una patria. Molti negozi continuavano a vendere quel che avevano sempre venduto, e la gente somigliava ancora parecchio a quella rimasta nella fotografia mentale di Carvalho. Salumerie, macellerie, ortolani, con dimensioni e merci adeguate alla capacità di acquisto di un quartiere di pensionati e gente di passaggio tra due disoccupazioni. I negozianti, invece, erano cambiati. Era passata un'intera generazione o erano radicalmente nuovi, pazienti lavoratori in proprio che facevano appena un po' meno fatica a sopravvivere dei loro clienti. Ma nel paesaggio mentale di Carvalho mancavano alcuni negozi fondamentali, per esempio la *bacallaneria*, vale a dire la bottega di merluzzo salato e olive del signor Juan, o il deposito dello straccivendolo di calle Carretas. Era scomparso anche il negozio di legumi cotti di calle de la Cera Ancha e l'insegna del bar Moderno, trasformato in un'osteria gallega. Non c'erano più gitani all'ingresso del bar Moderno. Avevano spostato la carovana cinquanta metri più su, in un altro bar, all'angolo di calle San Salvador. Carvalho cercò la legatoria dove aveva portato i primi libri "buoni" comprati al mercato dell'usato di San Antonio: *La ricerca*, di Baroja, e *La volontà*, di Azorín, ma la legatoria era scomparsa, anche se gli spiegarono che il legatore viveva ancora nel retrobottega adattato ad abitazione. Non poté trattenere l'impulso di bussare con le nocche sui vetri del negozio chiuso, e poco dopo apparve un vecchio che gli ricordò quell'uomo maturo che trattava i libri sgualciti con la cura riservata a un uccellino che si è rotto una zampa. Trent'anni dopo sembrava lo stesso essere umano, ma disidratato, come se avesse perduto carni decisive, la muscolatura del suo vero essere.

"Mi scusi per il disturbo, forse sono sciocco. Ero stato un suo cliente. Le portavo i miei libri da rilegare."

"La sua faccia mi dice qualcosa. Ma ho rilegato tanti di quei libri. Prima un libro era un libro. Lo si trattava con affetto e durava diverse vite; adesso i libri sono come tutto il resto. Usa e getta."

"Sono venuto per un funerale, quello di Young, Young Serra, il figlio della signora Asunción e del signor Joaquín."

"Sì. Ho saputo. Chi razzola male, finisce male."

"Volevo soltanto salutarla."

"Quei libri, ce li ha ancora, vero? Io lavoravo in modo serio."

"Sono come appena usciti dalle sue mani."

"Me lo dicono tutti. Io ho sempre lavorato in modo serio, e per di più io i libri li leggevo. Non tutti i legatori lo facevano. Ma i migliori sì. Sempre stato così. Che le durino per tutta la vita e se li possa godere a lungo."

A Carvalho sembrava di ricordare di non aver mai bruciato un libro rilegato dal signor Floreal. Forse era stata una regola inconscia, un'inconscia concessione alla nostalgia cui doveva porre rimedio appena possibile.

"Il primo che brucio sarà *La ricerca*."

Perché? si domandò fedele all'alibi di spiegarsi sempre perché sceglieva un certo titolo per accendere il fuoco del caminetto.

"Prima lo brucio, la ragione la troverò poi."

Pranzò nel ristorante all'angolo di calle Santa Amalia e Cera Ancha: Can Lluís. Gli tornava ancora in mente il rumore della sparatoria tra rapinatori e polizia che era costata la vita al vecchio proprietario, negli anni quaranta. Chiese una *olleta d'Alcoi** e una spalla di capretto arrosto, il cibo era eccellente e Carvalho gli rese omaggio accendendosi un Cerdán, un sigaro dominicano-catalano prodotto da un maniaco tabacchiere barcellonese residente a Santo Domingo. Gliene aveva regalato una scatola un cliente grato perché lui aveva scoperto che il suo contabile, che era poi suo fratello, era un ladro. C'è gente che prova gratitudine anche per le pazzie.

* Bollito misto locale con carne, verdure, legumi e un particolare tipo di salsiccia.

Uscendo dal ristorante, la discesa della strada lo condusse fino a calle Botella, la sua strada, quella di Young, dove rimase per un po' a osservare il balcone di quella che era stata casa sua, da cui pendevano lenzuola non sue, abiti che non erano quelli dei suoi genitori, tovaglie di altre tavole, il tutto appeso da mani che non erano di sua madre. Qualcosa di simile alla pena gli fece chiudere gli occhi e salire i gradini della casa di Young per raggiungere il terrazzo comune a due o tre stabili, lo scenario dei sogni soleggiati della sua infanzia e della sua adolescenza, subito dopo la guerra civile. Un bosco di antenne televisive è fiorito sui vecchi tetti del quartiere. Carvalho ha recuperato con un sorriso un orizzonte ricordato. Dietro i suoi passi compare Pedro Porta.

"Se riuscissimo a togliere le antenne televisive, sarebbe proprio come allora. Non spaventarti. Ti ho visto passare e ho indovinato dove saresti andato."

Esamina tutto come se fosse in missione perlustrativa, schiude le porte dei depositi dell'acqua, quella che si apre sulle scale dei diversi stabili.

"Non mancano che gli stronzi dei cani della signora Asunción."

"Raccoglieva tutti i cani malconci."

"E manca Young che 'fa gambe' o salta alla corda o picchia su quel sacco fetente pescato chissà dove."

"L'aveva comprato agli Encantes Viejos di plaza de las Glorias."

Carvalho si affaccia su un cortile interno.

"È stato qui?"

"Sì."

Ci sono interesse e una certa perplessità nei movimenti di Carvalho e nel suo guardare una e più volte in basso e ai lati, quasi fosse immerso in un calcolo personale e incomunicabile. Porta sembra avere fretta e, come se volesse spezzare l'incantesimo, commenta:

"Non era più lo stesso, Pepe".

"Chi?"

"Young."

"Lo so. L'avevo incontrato più di una volta intorno alle panchine della plaza de la Cárcel de Mujeres."

"Adesso ha cambiato nome."

"Non importa... L'avevo visto ubriaco, quasi incosciente, cieco. Non ha mai superato quelle sconfitte. Aveva perso ogni speranza, per se stesso e per gli altri: i genitori, il quartiere."

"Tu sei andato via di qui, e non puoi saperlo. Ma ultimamente Young era un disastro. Per esempio... tre giorni fa."

E sulle labbra di Porta appare la storia di un Young recente, che barcolla sul marciapiede in un angosciato tentativo di raggiungere il portone di casa e a un tratto crolla a terra e viene circondato dai soliti curiosi, dalla solita commiserazione, dai soliti rimproveri. Un gruppo di uomini lo prende di peso e lo porta nel suo appartamento. Lo mettono a letto. Viavai di vicine di casa che preparano pozioni di erbe in cucina. Il dottore e il bambino arrivano contemporaneamente. Il dottore scuote la testa: una cirrosi, galoppante, aggiunge Pedro Porta per conto suo. E il bambino ascolta con occhi di pietra molle.

"Bisognerebbe farlo ricoverare."

Dice una voce.

"Uno di questi giorni farà qualche sciocchezza."

"No!"

Grida il bambino che prende una mano del padre come esigendone il ritorno alla vita e, ubbidiente al richiamo, Young apre gli occhi, li posa sorpreso su tutti quelli che lo circondano.

"Figlio, che cosa è successo?"

I vicini si ritirano tra lamenti, proteste, commiserazione. Per tuo figlio, Young, fallo per tuo figlio, va' in ospedale, che educazione gli dai al bambino, la madre in giro e il padre di sbronza in sbronza. Padre e figlio ormai soli, il bambino si mette a preparare un brodo con la serietà di uno stregone, e spazza la cucina e stura il gabinetto e di tanto in tanto veglia il padre che contempla il soffitto come se da una fessura fra le travi gli si fosse schiuso il cammino della logica e della speranza.

"Noi," dice Pedro Porta a Carvalho, "l'abbiamo lasciato che era a letto. Ma poi il ragazzo ci ha spiegato che in seguito si era sentito meglio e aveva suggerito di fare come sempre, una passeggiata sui terrazzi, roba da quindicenni, da matti, saltando di tetto in tetto, roba da uccidersi..."

Porta capisce di aver annunciato quanto è già accaduto e sorride con tristezza tornando a guardare in fondo al cortile dove Young Serra si era sfracellato. Anche gli occhi di Carvalho sono puntati laggiù. Il detective fa due passi indietro, tre, quattro, si avvicina precipitosamente alla ringhiera con l'atteggiamento di chi vuol saltare nel vuoto senza che Porta riesca a trattenere un gesto istintivo per fermarlo. Carvalho lo tranquillizza con un cenno della mano. Ma continua a guardarsi intorno con diffidenza.

"Cosa farai, adesso?"

Non è tanto piccolo, pensa Carvalho. Glielo dicono il corpo lungo e l'espressione accorta del viso.

"Stanno cercando mia madre. Se non la trovano ho una zia, sorella di mia madre, ma ha già un mucchio di figli. Altrimenti..."

"Altrimenti?"

"La Protezione minorile."

Ci sono sfida e paura nella voce del ragazzo. Tredici anni e due mesi.

"Cosa preferisci?"

"Mi è indifferente."

"Tua madre? Tua zia? L'ospizio?"

"Mi è indifferente."

"Restare?"

"Restare? E dove?"

"Da un vicino, o qui, in casa. A casa tua. Mi pare che tu te la sappia cavare. Di fatto, eri tu a prenderti molto spesso cura della casa."

"Lui lavorava ben più di quanto pensi la gente." La voce gli si spezza a parlare di suo padre, ed è con un altro tono che dice: "Ma io qui non ci voglio restare. Voglio andarmene".

È il tono di una persona che ha paura. Carvalho sostiene il suo sguardo. Il ragazzo guarda altrove.

"Tuo padre ti voleva molto bene. Sapeva che dipendevi da lui. Che lavoro faceva?"

"Prima ha continuato a vendere giornali come i nonni. Ma poi i giornali non si vendevano più, o gli hanno preso il posto, non so. Di tanto in tanto faceva il custode di un parcheggio, o cose simili. A dire il vero, qualche lavoro l'ha sempre fatto ed è ingiusta la fama di fannullone che gli hanno appioppato nel quartiere. Lei l'aveva conosciuto... prima? E mia madre? E i nonni?"

"Avevo la tua età quando tuo padre cominciò a spiccare nella boxe. Salivo sul terrazzo per vederlo mentre si allenava e anche se aveva appena quattro o cinque anni più di me mi sembrava un pugile esperto, un grande boxeur."

"Era bravo?"

Ogni altra risposta era impossibile davanti alla speranza che si era impadronita dell'espressione del ragazzo.

"Bravissimo, muoveva i pugni molto bene."

"Eravate molto amici?"

"No. Mi lasciava star lì ad ammirarlo e poi di tanto in tanto si chiacchierava. Io non vivo più qui. Non sapevo nemmeno che si fosse sposato, che avesse un figlio."

E c'è un certo affetto, una certa amabilità nella voce di Carvalho quando aggiunge:

"Un figlio come te".

"Qui è tutto molto cambiato, molto. È un quartiere per gente di passaggio e per gente che ne uscirà solo con i piedi in avanti."

Porta e Carvalho camminano nei giardini del vecchio Hospital de la Santa Cruz, romanticismo gotico e vecchi e bambini sulle panchine, bande di giovani seduti sui gradini, dove sopravvive una certa vocazione al ritiro silenzioso e a chiarità solari per convalescenti.

"Latinoamericani, marocchini, senegalesi o guineiani... È questo il nuovo pubblico. Ci sono anche giovani coppie locali che trovano vecchi appartamenti a buon mercato o più a buon mercato che altrove. Gli altri sono tutti vecchi. I nostri genitori in un quartiere che avrebbero voluto lasciare da giovani e che, ora, hanno paura di lasciare, come se ne andasse della loro vita. Pensa un po'. Le tubazioni non funzionano, loro crollano dalla vecchiaia e sono costretti a salire le scale quasi carponi, ma non vogliono andarsene perché ci sono abituati e altrove si sentirebbero disorientati. Ma perché continui a pensarci? Che cos'è che ti inquieta?"

"C'è qualcosa che non riesco a capire. Young è un uomo sconfitto, fottuto, amareggiato... ma sa che suo figlio dipende da lui, che la sua vita è preziosa perché ne dipende quella del bambino, e a un tratto si suicida. Qualcosa non quadra."

"Perché dici che si è suicidato? È possibile che sia caduto. Si era appena alzato dal letto, stava male, uno svenimento e, zacchete, piomba giù. Aveva la dannata mania di andarsene a spasso sui tetti, come se solo là sopra si sentisse a suo agio. A volte, dalla strada, si vedeva la sua sagoma sui tetti... Ricordi? Ricordi le nostre scorribande lassù, con gli aquiloni?"

"No. Non è caduto."

"Perché sei così tassativo?"

"Per il tipo di caduta. Dal bordo della ringhiera al vuoto ci sta di mezzo una grondaia piuttosto larga e poi perpendicolarmente a questa grondaia ci sono diversi stenditoi, uno sotto l'altro, rimasti intatti, vale a dire che non sono stati colpiti dal corpo in caduta. Conclusione: il corpo di Young non precipita perché ha perso l'equilibrio o per uno svenimento. Sarebbe finito contro questa sporgenza e la cosa si noterebbe perché è già molto consumata, e lo stesso se avesse colpito gli stenditoi. Invece il corpo cade proprio in mezzo al cortile, come se al momento di saltare avesse preso lo slancio, per superare tutti questi ostacoli. Come se avesse preso lo slancio, o glielo avessero dato."

"Cosa intendi dire?"

Porta si è fermato e ha messo una mano su un braccio di Carvalho, quasi volesse impedirgli di andare avanti.

"È tanto difficile da indovinare? Una delle due, o è stato buttato giù o si è suicidato. Dubito che si volesse suicidare, quindi è stato buttato giù."

"Chi poteva avere interesse a disfarsi di Young? Era un disgraziato, povero in canna."

"Ma noi che ne sappiamo della sua vita? Tu la conoscevi?"

"No. A dire il vero, no. Qualche anno fa, non molti, aveva cercato di tornare alla boxe in un tentativo disperato. Immagina, un uomo sulla quarantina inoltrata. Intendevano mettere su un circo di vecchie glorie da portare in tournée per la Catalogna. Ne avevamo parlato insieme in plaza del Padró. Lui andava ancora alla fontana della piazza a prendere l'acqua potabile, diceva che quella del rubinetto faceva schifo. Avevo cercato di dissuaderlo perché un brutto colpo poteva essergli fatale. Più che ritirarsi lui, lo costrinsero a farlo quelli della Federazione catalana di boxe."

"Frequentava ancora la palestra in modo stabile?"

"Ultimamente non saprei. Allora, sì."

"L'allenatore è ancora il vecchio Kid Mestres?"

"So cosa hai in mente. No. Non fa più l'allenatore, ma il guardone nella vecchia palestra di calle de la Luna. Puoi trovarlo lì tutte le sere."

"Per esempio, oggi?"

"Che mosca ti ha punto? Vuoi completare il tour sentimentale?"

"Perché no? Quando si ha una giornata cretina bisogna viverla fino in fondo."

Si direbbe che la palestra di pugilato stia vivendo la stagione delle vacche magre, perché i pochi giovani che si battono con il *punching* o saltano alla corda o mollano pugni in un ring male illuminato si preparano in fretta a competere per il titolo mondiale di tutti i pesi mai esistiti e che mai esisteranno. È lo stesso entusiasmo, si dice Carvalho, con cui i bevitori continuarono a bere per un decennio fino alla fine del proibizionismo. La figura familiare di Kid Mestres si lascia indovinare in quell'altra composta da un anziano con berretto e sigaro semispento in bocca, che segue con interesse da esperto le evoluzioni di quelli che si picchiano sul ring. Non riconosce Carvalho ma accetta di conversare con lui. No, non sono cattivi, ma sono pugili da laboratorio. Questi ragazzi d'oggi non hanno occasione di battersi, che è l'unico modo per imparare e dimostrare quel che hanno dentro. La boxe è uno sport maledetto. Perseguitato sia dai politici culattoni sia dagli impresari succhiasangue.

"La boxe è vittima di persecuzione, nessuno l'appoggia. Dicono che è crudele. Io non ho mai conosciuto un pugile che a casa sua non fosse una brava persona. Non c'è pugile che abusi della sua forza fuori del quadrato. Si può dire lo stesso di quei politici culattoni di merda? E con la democrazia, pure peggio."

"Sotto Franco si boxava meglio?"

"Lasciavano fare e il presidente della Federazione spagnola era il dottore di Paco.* A me Paco stava proprio di traverso, perché mi ero formato con Gironés e con gli altri pugili catalani della Repubblica, ma ci lasciavano fare e c'era-

* Diminutivo di Francisco, in questo caso il dittatore Francisco Franco.

no occasioni, c'era una vita, per questi ragazzi e per chi li preparava. Lo sa quanto prendo di pensione? Avanti, dica lei una cifra. Diciannovemila pesetas e sessanta centesimi."

Ride e offre la caverna della sua bocca sdentata.

"Quel che trovo più buffo sono i sessanta centesimi."

"Si ricorda di Young Serra?"

"Il peso mosca di calle Botella? Ma certo che me lo ricordo. Lo avevo trattato come un figlio, ma era bizzarro come una tarma. Ha mai notato quanto sono bizzarre le tarme?"

"No."

"Eppure lo sono. Nulla di più bizzarro di una tarma."

Avevano smesso di interessarlo le tarme e la critica storica, non levava invece gli occhi dai giovani sul ring.

"Vede quello lì con i capelli rossi?"

"Lo vedo."

"Quello lì potrebbe essere un leggero serio. Guardi che destro, e che gioco di gambe."

"È vero che Young Serra aveva tentato di tornare alla boxe?"

"Molte volte, ma a mandarlo in malora sono stati il vino rosso e so io che altro."

"Le gonnelle."

"No. Quando la moglie l'ha piantato è rimasto come se gli avessero tagliato le palle."

"Perché l'ha piantato?"

"Per istinto di sopravvivenza, le aveva amareggiato la vita, povera ragazza. Quando era ubriaco, era lei a pagarla."

"È in America."

"No, a Barcellona, fa la massaggiatrice in un salone specializzato."

"Di quelli finti?"

"Che ne so. Per me è passata l'età, sia di quelli finti sia di quelli veri. Ehi, tu, Tomás! Che ne diresti di andare in un salone di massaggi?"

Tomás invecchia a poca distanza da Kid Mestres, ma tiene ancora un asciugamano sulle spalle e si muove tra i ragazzi con i modi dell'allenatore coscienzioso e in forma.

"Tu ormai hai appeso il cappello. Ma io mi darei ancora da fare, altroché."

"Con che cosa?"

Tomás appoggia una mano sulla patta.

"Con quello? Te lo sei ingessato?"

E Kid Mestres ride cercando la complicità di Carvalho.
"Se non te l'ingessi, alla nostra età ti serve sì e no per pisciare."
"Lo sa in che salone lavora la moglie di Young?"
È la diffidenza a parlare ora negli occhi del vecchio mentre le labbra tacciono e il cervello pensa.
"Perché?"
"Young è morto. È caduto in un cortile interno dal terrazzo di casa."
"Ostia."
"Qualcuno deve prendersi cura del ragazzo."
"Ostia."
"Devo trovare la madre."
"Sì."
Pare quasi di sentire il rumore mentale del vecchio mentre ricompone le ossa rotte di un qualche ricordo e tutte le rughe del viso gli si commuovono in cerca dell'espressione della pena.
"Lei non gli voleva male, proprio per niente. Pochi anni fa gli avevo proposto una tournée di vecchie glorie nelle feste di quartiere, per fargli guadagnare quattro soldi e avere qualcosa da mangiare. Sulle prime aveva detto di sì, ma poi si è tirato indietro dicendo che cose come quelle lo avvilivano, lo facevano passare per un pagliaccio. Il mondo è pieno di matti. Preferiscono essere morti di fame piuttosto che pagliacci. Lei lavora in un ottimo posto che si chiama 'Il Riposo'. Lo troverà fra gli annunci economici di 'El Periódico'."

"Forte o leggero?"
Carvalho è sdraiato a pancia in giù su un lettino, su di lui si china una donna quarantenne, bionda, con un certo fascino nei tratti un po' gonfi.
"Quanto basta."
Le mani della donna sembrano due colombe morte tornate in vita. Si muovono sulla schiena di Carvalho, impastano le carni, le lasciano andare, le schiacciano come per farne un dolce, l'hanno trasformata in una materia plastica che la massaggiatrice maneggia a suo piacimento.
"Se le faccio male me lo dica."
Le mani continuano ad agire, ora sulla spina dorsale.

Sembrano aver trovato qualcosa che ne attira l'attenzione, insistono su un punto. Carvalho emette un breve gemito.

"Le fa male qui?"

"Mi fa male."

"Ha una vertebra spostata."

"È impossibile conoscersi del tutto."

"Non se n'era accorto fino ad ora?"

"No."

"Eppure di tanto in tanto deve farle un po' male. Quando si sgranchisce, per esempio."

"È vero."

Continua a lavorare sulla schiena di Carvalho. Gli ordina di voltarsi. Pudicamente, Carvalho cerca di fare in modo che l'asciugamano passi dal culo al sesso con un sol gesto, alza la testa per verificare che l'asciugamano sia a posto, è a posto, la donna sembra non badare a quest'accesso di pudore carvalhiano e già lavora sui piedi. A un tratto il detective lancia un urlo e agita freneticamente le gambe. Spavento o sorpresa nel volto di lei.

"Le piante no, per favore, mi fa un solletico atroce."

"Accidenti a lei. Che esagerazione, manco le avessi ficcato i piedi in un braciere ardente."

"Tutta la mia sensibilità è finita sulle piante dei piedi."

Adesso può vederla, impegnata, con quell'impegno stregonesco delle massaggiatrici professionali. Porta un camice bianco e sotto, probabilmente, solo gli indumenti intimi più indispensabili. Le pendono dei seni sufficienti che si muovono insieme a tutto il corpo, diventato una macchina per massaggi.

"Conosce bene il suo mestiere."

"Sì."

"Molti anni?"

"Non me ne ricordo nemmeno."

"Sposata?"

Mentre gli impasta lo stomaco fino a fargli male, lei lo guarda con aria di sfida.

"Mi pare che lei abbia sbagliato salone di massaggi."

"O forse lei, senza saperlo, è vedova. Young Serra. Cosa le suggerisce questo nome?"

Le suggerisce tutto, perché lascia il lavoro, si allontana dal lettino, mette serietà da congedo sulla bocca eccessivamente serrata, quasi si trattasse di contenere quanto vorrebbe dire contro l'intruso.

"Lei chi è?"
"Continui a massaggiarmi, per favore. Possiamo parlare in tranquillità. Di cosa parla con i clienti?"
Le mani di lei sono tornate sul corpo di Carvalho.
"A seconda della stagione. Di calcio in inverno e del tempo in estate."
"Young Serra è morto. Lo sapeva?"
"Lo sapevo."
"Si prenderà cura del bambino?"
"No."
"Perché?"
"Perché no."
E continua affannata, come se cercasse una tripla concentrazione che blocchi la voglia di conversazione del cliente.
"Può finire in un ospizio."
"Quando uno riesce a scappare dall'inferno non si ferma a raccogliere le vittime. Il bambino è stato la vittima. Bisognava scegliere tra lui e me."
"Sacrificò il ragazzo."
"A lui volevano bene. A me, no."
"Nemmeno Young?"
"Young, quando si ubriacava, diventava un bambino pazzo e pericoloso."
"Che ne pensa della sua morte?"
"È caduto."
"O si è suicidato."
"No. Non l'avrebbe mai fatto, per non lasciare solo il bambino."
"Aveva più rivisto Young?"
"No. L'ultima volta fu in commissariato, dopo una serie di botte che mi aveva dato e dopo lo scandalo... insomma."
"E il ragazzo?"
"Nemmeno. Sono stata dieci anni in Venezuela. Troppi anni. E sono riuscita a mettere su quest'attività lavorando sodo. Il bambino, per me, è un estraneo."
Il massaggio è terminato. Lo dice la mano femminile che batte sul corpo di Carvalho, la mano di una donna che è tornata in sé.
"Come ha fatto a trovarmi?"
"Me lo ha detto Kid Mestres."
"Quello lì, appena trova qualcuno disposto ad ascoltarlo, diventa un chiacchierone."

Carvalho accenna un vago saluto, una mano sull'asciugamano legato intorno alla vita, e l'altra in aria, per congedarsi dalla donna o per trattenerla.

"Il ragazzo. Com'è il ragazzo?"

Forse c'è un cenno d'interesse, evidenziato dall'eccessiva neutralità della voce. Ha piovuto? Sta per piovere? Com'è il ragazzo? Carvalho lo ricorda, questo ragazzo, i suoi occhi grandi, con le occhiaie, patetici, la sua forza da bambino vecchio.

"Un gran ragazzo. E lo è soprattutto perché tutti insieme stavano per trasformarlo in un animale ferito a morte e cattivo."

Ormai sulla porta, prima di passare alle docce, sottolinea la sua uscita di scena.

"È un animale ferito ma buono."

Strade del quartiere, quartiere di passaggio, dalle Rondas fino alle Ramblas, un'umanità residua, operai neri o africani con barbe da intellettuali e intellettuali locali o latinoamericani travestiti da operai, bambini che approfittano dei provvisori spazi liberi per giocare, coppie di vecchi che avanzano lenti verso la morte e macchine parcheggiate che murano i marciapiedi o in un nastro continuo, come se cercassero le Ramblas per la via più breve. Carvalho sale la tetra scala di un palazzo, raggiunge il terrazzo, il terrazzo della sua infanzia, vi gira qua e là, si arrampica lungo un sentiero di mattoni diseguali e salta sul terrazzo della casa accanto: un orizzonte di altane, stenditoi, antenne televisive, Montjuïc, il porto. Continua lungo il percorso e dalla sua statura di padrone dei tetti contempla scene di vita attraverso le finestre aperte sul cortile.

Il giovane indolente e dalla pelle olivastra sdraiato su un pagliericcio con il flauto tra le labbra intento a provare una melodia angosciosa.

La ragazza che si pettina e ripettina la chioma accanto alla finestra per farla asciugare all'aria del tramonto.

Il padre di famiglia adirato che reclama la cena.

La vecchia spettinata e tinta ossessivamente appoggiata sul davanzale attenta a tutto ciò che accade in fondo all'abisso.

In sala da pranzo una tavola che apparecchia una ragazza svogliata.

Finestre chiuse, vetri rotti o rammendati con strisce di carta gialla gommata e rinforzata dalla polvere.

Una macchia lontana di donna bionda che si allaccia il reggiseno in fondo a un corridoio.

Una donna grassa e con la cellulite indurita dall'odio che butta un biglietto da mille pesetas in faccia a un'altra.

Carni bianche di vecchie grasse nel sudario di sottovesti nere fatte da tessuti spietatamente ruvidi.

Come un voyeur, Carvalho salta di terrazzo in terrazzo e ripete l'operazione per due o tre giorni per verificare i cambiamenti nelle condotte all'interno del paesaggio inamovibile.

Il giovane indolente e dalla pelle olivastra sdraiato su un paglierìccio ha appoggiato il flauto accanto a sé, è sdraiato prono sul materasso e piange.

La ragazza che si pettina e ripettina la chioma è affacciata alla finestra e lotta per non far pendere nel vuoto la chioma e una tetta molle e discola.

Il padre di famiglia adirato grida che lui non si fa prendere in giro da nessuno al mondo.

La vecchia spettinata e tinta è sempre lì dov'era, a criticare i vivi e i morti.

La ragazza svogliata sta sparecchiando con la stessa svogliatezza con cui giorni prima apparecchiava.

Finestre chiuse, vetri rotti o rammendati con strisce di carta gommata gialla e rinforzata dalla polvere.

Una macchia lontana di donna bionda che fruga in fondo a un armadio.

Maleducato! Non sei che un maleducato! Grida la vecchia cellulitica e piena d'odio alla sua vittima, o al suo carnefice.

Rumore di lavatrice, macchine per cucire, canzoni, il disco di paso doble di Manolo Escobar, Valenza è la terra dei fiori... il penultimo lamento di Ana Pantoja per il marito morto con le supposte maldicenze sul conto delle vedove. Sono passati trent'anni e i gesti e le voci si ripetono. Vi si è aggiunto soltanto il riflesso fantasmagorico dello schermo televisivo illuminato; ma qualcosa di fantasmagorico c'era anche in quella vecchia luce pilota degli apparecchi radio e suscitava lo stesso fascino ipnotico nei fuggiaschi dalla selvaggia realtà unilaterale di tutte le mattine. Concentra lo sguardo sull'appartamento in cui viveva Carmen, la figlia della signora Concha, allora fresca sposina di un autista della compagnia degli autobus. Una splendida donna dalle fattezze larghe e una serenità sessuata nelle forme sottili per l'estetica degli anni cinquanta o sessanta. Quegli occhi di miele lento con cui sorprendeva lo sguardo devoto di Carvalho. Quei lombi stretti in un vitino da principessa quando la vedeva di spalle, intenta a fare acquisti nei negozi del quartiere. L'appartamento è in stato di abbandono. Finestre scrostate con i vetri rotti, sostituiti da carta da imballaggio fissata con strisce adesive gialle. È possibile che dentro ci siano ancora, morti, la signora Concha, Carmen e quel marito scioccone e rompiscatole che d'estate si affacciava al balcone in canottiera a prendere il poco fresco dell'aria serale, mentre in fondo alla camera si vedeva l'andirivieni di Carmen in sottoveste color cilestrino. Più che l'idea di un appartamento vuoto, gli suggeriva quella di una tomba di famiglia piena di morte, e vedeva se stesso rinchiuso dentro, prigioniero di quell'attrazione sessuale per una delle donne più scultoree mai conosciute.

"Biscuter, non trovo Bromuro."

"È malato, capo."

"Malato? Che cos'ha?"

"Il dottore dice che ha il fegato come un hamburger, ma lui assicura che si tratta di un'infezione."

"Un'infezione?"

"Dice che la colpa è tutta del padrone del Toni's Bar, che serve un'acquavite fatta con acquaragia; Bromuro è suonato come una campana, capo."

"Dove abita?"

"In una pensione di calle Conde del Asalto. È tutto quello che so. Dalle parti di Peracamps, mi pare. Non ha appetito, capo?"

"Non ho neanche voglia di cucinare."

"È malato, capo?"

"Sono stanco... e disorientato. Oggi che hai fatto, Biscuter?"

"Degli spaghetti 'alla checca arrabbiata', che come indica il nome sono in grado di sollevare il morale a un argentino. Semplice. Molto olio, aglio e peperoncino. Nell'olio si mette del pomodoro spezzettato, ma solo per affogarlo un po'. Si mescolano gli spaghetti con erbe aromatiche e si ripassano nella salsa che ho detto. Parmigiano, e in tavola."

"Si possono riscaldare?"

"Riscaldati sono la fine del mondo, capo."

"Allora tienimeli da parte, e quando torno dalla visita a Bromuro me li mangio."

Può darsi che la scala sia la più scalcinata dell'universo e le sue lampadine le più cieche, ma non vi è dubbio che la padrona è figlia di un Ciclope e di un animale mostruoso vagamente femminile. Grassa in tutti i punti cardinali e maligna nell'unico occhio superstite sul viso orbo, con una pelle bianca e lucida da cera marcia.

"Mi deve l'affitto di quattro mesi. Che lo portino in ospedale o che crepi. Lei è un parente?"

"Sono suo padre."

"Il padre di chi?"

"Di Bromuro."

"Senta, se lei pensa di prendermi per i fondelli..."

"No. Ma sua madre, rimasta vedova, si è risposata con me."

"Allora occupatevi un po' del ragazzo, diamine."

I sessantacinque anni del "ragazzo" sono imbacuccati in lenzuola e coperte sporche e puzzolenti. Il naso e gli occhi si voltano verso Carvalho, lo riconoscono e allora al di sopra dei fetidi panni si affaccia la bocca.

"Pepiño, che ti diceva quella strega?"

"Che le devi quattro mesi."

"Dovrebbe essere lei a pagarmi per vivere in questa tana. Per quel che penso di vivere, non mollo un centesimo. Finalmente sono riusciti a farmi fuori. E mi hanno fregato con l'acquavite, questa non me l'aspettavo proprio."

"Perché non ti aspettavi che fosse con l'acquavite?"

"Perché, pensavo, visto che ha tanto alcol, ucciderà tutti i batteri e tutti i veleni. Non bevo acqua dal 1958, da quando ho scoperto che ci mettevano il bromuro per non farci scopare. Non tocco un pollo da quando so che li ingrassano con delle autentiche porcherie. Ma l'acquavite... Non rispettano più niente, Pepiño. Non sto morendo per un'infezione, Pepiño. Sto morendo per lo schifo."

"Non dire cretinate. Che ne sarà delle Ramblas senza di te, Bromuro? Sei il decano dei lustrascarpe."

"Nessuno porta più scarpe come si deve, siamo sinceri, Pepiño. Né si lustra quelle che porta. Adesso tutti curano più le loro ascelle delle scarpe, quand'è ovvio che le scarpe si vedono e le ascelle no."

"Sono venuto per un'informazione."

"Guarda un po' che nessuno ascolti."

Carvalho va verso la porta e l'apre bruscamente. La padrona è lì, incapace di una ritirata agile e disposta a difendere il suo diritto di ascoltare la conversazione, soprattutto quella di un ospite moroso.

"Abbiamo deciso di pagarle metà del debito. Inoltre, ecco qui cinquecento pesetas, vada e compri una bottiglia di vino bianco bello fresco per festeggiare."

Tutta la diffidenza si trasforma in sorridente servilismo da geisha. Addirittura si ritira camminando all'indietro per riverire il detective pagante che torna accanto a Bromuro.

"Non pagarla, Pepiño. Io da questa non ne esco e sono soldi buttati via."

"Si tratta del quartiere intorno al Padró. Un caseggiato che va da calle Hospital-plaza del Padró fino a calle de la Cera Estrecha e dall'altro lato di calle Botella, fa come un triangolo."

"Da quelle parti è tutta gente che lavora. I malavitosi sono altrove."

"Gli abitanti cambiano. Stranieri."

"Quattro neri, qualche marocchino, *sudacas*..."

"Cos'è un *sudaca*?"

"Argentini, cileni, uruguaiani... sinistra da esportazione. Tutti più o meno tirano a campare, ma in quella zona non ricordo un delinquente. È vero che non sono più quello di una volta e che questa città ormai non c'è modo di controllarla. Prima era già abbastanza faticoso sapere quel che facevano i delinquenti indigeni, ma ora devi conoscere le lingue per venire a sapere cosa fanno i delinquenti stranieri. Eppure quella zona è tranquilla, Pepiño. Ma senti, non è il tuo quartiere?"

"Sì."

"E chiedi a me cose del tuo quartiere?"

"Ho perso i contatti e tu sei l'archivio del male che c'è in questa città."

"Non sono più quello di una volta. Ho il fegato come un hamburger, l'ha detto il medico. Avrebbe potuto dire come un colabrodo, o come un fico. No. Ha detto come un hamburger. Lui, un professionista, si è già lasciato colonizzare. Per questo abbiamo fatto la guerra, Pepiño?"

"Parla per te. Io non l'ho fatta."

"Se il mio generale Muñoz Grandes alzasse la testa!"

"Ti pago due mesi di affitto. Tu pensa a guarire e appena sai qualcosa riferiscimelo."

"Quella brutta porca, quando torna qua con la bottiglia di vino non me lo farà manco assaggiare, se lo berrà tutto da sola con la scusa che mi fa male."

"Ti farà male."

"Peggio di come già sto, impossibile."

Carvalho fa spallucce ed esce dalla stanza.

Carvalho va a trovare Pedro Porta nel suo negozio di alimentari. Indossa un grembiule blu, ha una matita dietro l'orecchio, ed è del tutto simile al padre, al nonno, mentre da quegli scaffali un secolo di scatolette di pesche sciroppate sta a guardare.

"Oggi come ieri."

"Altri trentacinque anni. Questo è tutto. Ho cominciato a servire sul serio i clienti appena finite le elementari. Tu ormai sei sulla cinquantina, come me."

"Prima che li compiamo possono scoppiare ancora tre guerre mondiali."

"Bella alternativa."

I clienti hanno capito che Pedro non intende servirli e vanno verso la donna, sistemata dietro il banco dei formaggi e degli insaccati. Pedro Porta si toglie matita e grembiule e segue Carvalho che esce verso plaza del Padró. Passeggiano intorno alla fontana.

"È stato un omicidio, Pedro."

"Chi mai avrebbe voluto la morte di quel disgraziato? Era quasi rimbambito, non faceva male a nessuno, tranne che a se stesso, e a suo figlio senza averne l'intenzione."

"Fatto com'è fatto il posto, è impossibile che sia caduto, e amava troppo il figlio per suicidarsi."

"Cosa può aver combinato per farsi uccidere?"

"Nulla da suggerire?"

"Io? I miei rapporti con Young erano d'amicizia e d'affari. Veniva a comprare in negozio, lui o suo figlio. Da parte mia, sempre i soliti scherzi: senti, mi hanno detto che Cassius Clay non si considererà campione del mondo finché non ti avrà battuto. Tutto qui. Lui rideva o fingeva di boxare, con me, con le scatolette... Non mi piaceva che lo facesse perché spaventava le clienti. In genere Young suscitava inquietudine. Quel naso schiacciato, gli occhi da cane triste, quel continuo barcollare."

"Non ti ha mai rivelato niente che possa aiutarci a capire perché è stato ucciso?"

"Mi pare che esageri. Non capisco che interesse ci fosse a ucciderlo. Se non da parte di sua moglie, per stare tranquilla una volta per tutte. Ma chissà dove si trova."

"Qui. A Barcellona."

"A Barcellona?"

C'è sorpresa, inquietudine, forse emozione nella voce di Porta.

"Sempre così bella?"

"Non è più quella di una volta."

"Era molto bella."

Malinconia nella voce di Porta, attenzione negli occhi di Carvalho, come se fosse davanti a una rivelazione.

"Tu e lei?"

"No. Non è come pensi. Mi mettevano di mezzo. Loro litigavano tutti i giorni e i vecchi, i genitori di Young, chiamavano me perché sapevano che avevo una certa influenza su di lui. Più di una volta mi sono messo di mezzo per fermare quella battaglia campale di insulti e schiaffi."

"L'avevi consolata."

"Non dirlo con quel tono. Sporchi un bel ricordo."

"L'avevi consolata."

"Sì. L'avevo consolata."

"Non l'hai più rivista da quando ha lasciato il quartiere?"

"Per qualche mese, quando si preparava a partire per il Venezuela."

"Vi siete scritti?"

"Al principio. Ma era molto difficile e mia moglie aveva trovato una lettera. Allora ho dato un taglio alla corrispondenza."

"Young ha mai saputo di voi due?"

"No."

Porta sorride mentre riprende la strada verso il negozio.

"Young non sapeva nulla di quel che accadeva nella vita reale. Aveva la testa piena di fantasmi di incontri mai vinti. Mi secca che tu mi abbia chiesto se l'ho consolata con quel tono."

"Come se non l'avessi detto."

"Ma l'hai detto. Mi è sembrato un commento sporco, come quando eravamo ragazzini e non facevamo che vedere lo sporco nelle cose più semplici, nelle ragazze più spontanee, così."

"Non prenderla a questo modo."

"Tu hai girato mezzo mondo, sei uscito dal quartiere, non so come te la cavi ma la tua vita dev'essere interessante. Io sono quel che ero destinato a essere, l'erede di un negozio di alimentari. Mi muovo tutti i santi giorni in dodici metri quadri, tutte le settimane, tutti gli anni, e non uscirò mai da questo orizzonte, sempre uguale. Nella mia vita, l'unica cosa sorprendente è stata la mia relazione con lei."

"Ti aveva proposto di seguirla."

"Come fai a saperlo?"

"Sei il tipico uomo al quale una donna spaventata propone di cominciare una nuova vita dall'altra parte dell'oceano."

Porta sembra o cercare un territorio mentale per lui solo o indicare con la propria assenza che la conversazione è terminata. Ma semplicemente sta meditando quel che può o deve dire.

"Avevo il biglietto in queste mani, tra le mie mani... Tutto era pronto..."

"E allora?"

"Allora capii che ero un uomo sposato, che avevo tre figli. Ti sembrerà fin troppo banale, specie a te che hai viaggiato tanto."

Carvalho alza lo sguardo fino ai terrazzi, rimontando le cascate di panni stesi e di gerani maltrattati nella loro condizione di piante su varchi aperti al traffico continuo che collega le Rondas alle Ramblas.

"Non voglio consolarti. Non rientra nei miei propositi consolare la gente. Ma quando viaggiavo non ho mai visto tante cose quante ne ho potute vedere quando salivo sui terrazzi di queste case e avevo a disposizione la vita privata di noi tutti. L'orizzonte più lontano era Montjuïc, o il mare, o il Tibidabo. Che altro puoi volere?"

"Ormai mi è passata. Ma ho un'idea fissa. Non sono mai

stato a Singapore. Ricordo un film con Ava Gardner e Fred McMurray che fa vedere Singapore durante la seconda guerra mondiale. L'hai presente?"

"Forse. Ma io a Singapore ci sono stato, mi pare addirittura di essere stato nell'hotel che c'è nel film, il Raffles."

"E allora?"

"Ti deluderebbe. Soltanto il Raffles ha conservato un certo sapore. Si beve un cocktail famoso, il Singapore Sling, ma il resto della città è come il nostro Bellvitge o Villaderde Alto con l'aggiunta dei quartieri residenziali, che sono come quelli che abbiamo qui. In tutto il mondo troverai le stesse pubblicità della Coca-Cola, gli stessi fast-food, le stesse sentinelle. Perfino i tramonti sono identici."

"Ma ci sono tramonti ancora più identici."

"Mi stai facendo il verso."

"Non capisco perché vuoi scoraggiare un pover uomo come lui vantandoti di aver girato mezzo mondo come spia o come killer."

"Facevo come mi comandavano."

"Lo so io che cosa facevi."

A Charo dà fastidio che Carvalho abbia rotto lo specchio in cui Porta ricostruiva il proprio sogno ogni volta che vi si guardava.

"L'ho fatto in buona fede. Volevo metterlo davanti alla realtà."

"Sta di fatto che a te piace irritare la gente. Come quando mi vedi studiare l'inglese perché voglio qualcosa di meglio per il mio avvenire e mi sfotti chiedendomi se intendo sposare un australiano. A volte non sei buono, Pepiño. Non mi piace neanche come parli di quel ragazzino che non sa dove andare a vivere. Mi sembra triste e tu ridi delle cose tristi, come se ti facessero paura."

"Proprio così. Senti, sono venuto a invitarti a cena e non a sentire la predica della quaresima."

"Se non facessi il mestiere che faccio, quel ragazzino lo prenderei con me."

"Se tu non facessi il mestiere che fai, raccoglieresti bambini, gatti, cani, pappagalli, e tutte le cocorite abbandonate o smarrite di questo mondo."

"I pappagalli no, mi mettono una certa apprensione."

I pappagalli no, le mettono una certa apprensione... Ripeté Carvalho una e cento volte, come se, prendendola in giro, le ritorcesse contro tutte le critiche ricevute. Quella sera Charo non poteva uscire a cena per via di un impegno. Carvalho era talmente abituato agli impegni di Charo che non aveva nemmeno bisogno di immaginarseli. Quando l'aveva conosciuta, Charo esercitava quello che viene considerato il più antico mestiere del mondo e gli bastò constatare che aveva conservato un doppio sguardo sulla vita per accettarla così com'era. Uno sguardo per gli uomini con cui andava a letto, uno sguardo professionale, e un altro sguardo aperto e ingenuo per contemplare tutto il resto. Il mestiere di Charo vaccinava Carvalho dalla tentazione della dipendenza e quando lei si deprimeva bastava che lui le proponesse di non lavorare più e adattarsi a una vita convenzionale perché lei, dopo un attimo di esitazione, rifiutasse la proposta. Carvalho non le aveva mai domandato se era per paura di se stessa o per paura che lui non fosse capace di garantire la durata della nuova esperienza. Paura di sé o paura di lui. Non volle pensarci. Non era sicuro di se stesso, della propria capacità di rispondere sinceramente.

"No, non posso cenare con te. È il compleanno del mio piccolino. Vengono a cena i suoceri, mia madre, mio fratello, mio cognato."

"Basta così, Pedro. Tanta famiglia mi confonde."

"Ti prego di capirmi."

"Ti capisco."

"Senti. Ho continuato a riflettere su quel che mi hai detto e credo che dovresti chiamare la polizia. Se c'è una possibilità che Young sia stato assassinato, non capisco che cosa c'entriamo tu e io nella faccenda."

"La polizia non mi piace. A volte non si riesce a evitare che cacci il naso nei casi che seguo, ma preferisco che vada per conto suo e io per conto mio. La polizia vuole arrestare il maggior numero possibile di cittadini. A me basta risolvere un enigma, la punizione non mi riguarda."

"Pensa un po' che morale, la tua. Tu scopriresti i criminali ma li lasceresti andare."

"A ciascuno il suo. Il mio compito consiste nello scoprire ciò che è coperto. I miei clienti decidono poi cosa fare."

"Perché non ceni con noi, in famiglia?"

Dopo essersi staccato da Porta e avere rifiutato cento volte l'invito, Carvalho accelerò l'andatura per evitare che il negoziante tornasse indietro a rifargli la proposta. Lo terrorizzava l'idea di passare una serata circondato da nonni e nonne, zii e zie, cugini e cugine, e per di più presi in prestito e nobilitati dall'opera buona di nutrire con sentimenti ed emozioni familiari un apolide. Invitate un povero alla vostra tavola. Invitate un apolide emozionale alle vostre feste di compleanno. Qualche anno prima, Charo lo aveva inserito in una festa di compleanno di un nipote, figlio di una sorella che viveva a Montcada i Reixach, e il detective aveva dovuto sopportare tutti i salamelecchi di una sollecitudine convenzionale nei confronti del fidanzato accalappiato da Charo. Fu il re della festa. Dovette mangiare porzioni mostruose di un'orribile torta, e ricordava con piacere soltanto un'eccellente insalata andalusa di baccalà con arance e olive nere e delle fave in casseruola alla menta, deliziose. Immaginò il menu servito quella sera a casa Porta: pane e pomodoro e prosciutto contadino e calamari alla romana o pollo allo spiedo. Preferiva continuare a essere un fuggitivo sentimentale scappando per i terrazzi, dimenticando talvolta la realtà della strada e affacciandovisi quando era indispensabile. E tornò ai terrazzi per trovarvi gli abitanti di sempre, una certa svogliatezza, una certa sensazione di ultimo viaggio per un Carvalho cui torna in mente la parte conclusiva della conversazione con Porta.

"Non resta che il dilemma, piuttosto facile. O sapeva qualcosa o aveva visto qualcosa."

E a un tratto la sensazione di un elemento cambiato in mezzo a tanta normalità. È stato in una delle finestre dell'appartamento in apparenza abbandonato. Una luce tenue, fugace, ha rialzato l'ortopedia dei vetri rotti tenuti su con strisce di carta gialla. La luce è stata così fugace che Carvalho resta trincerato e spera che si ripeta. Una luce tenue si insinua oltre i vetri rotti e poi si estingue. Carvalho intuisce di essere sul punto di vedere qualcosa che gli altri non hanno visto. Si gira su se stesso e rimane steso sui mattoni con gli occhi rivolti a un cielo di porpora che arrossisce verso ponente. Dopo qualche secondo, per ordinare idee contrapposte, guarda di nuovo la finestra a pezzi. La luce è scomparsa e attenderà invano di rivederla.

Io non sono tenuta a niente. Mi capisca. Ho già fatto abbastanza. La zia se ne disinteressa e il fratello del nonno vive di stenti in un paesino dell'Aragona dove sono rimaste appena quattro case abitate. Non possiamo mandargli il ragazzino, finirebbe sepolto nel paese a fargli da infermiere. Mi spiace doverglielo dire, ma ho già avvertito il Porta, io no, non posso, mio marito ci ha già pensato e, non che a lui la cosa non dispiaccia, ma la carità bene intesa comincia da noi stessi e io non intendo seminare zizzania proprio a casa mia per qualcuno che in fondo per me non è nulla, non che mi sia indifferente, poveretto, che brutta disgrazia. Ma non è del mio sangue. Non sono tenuta a niente... Vero che lei mi capisce? Sarebbe diverso se si potesse dire, ecco, che è un orfano. Ma quell'angioletto ha una mamma, la zia... Senta, mio marito rimase orfano a quattordici anni e non aveva nessuno, si mise a fare il fattorino e riuscì a cavarsela. Certo che allora la gente era meno viziata.

La vicina di casa che si è presa con sé il figlio di Young è nervosa. Non sa se deve asciugarsi le mani con il grembiule, togliersi il grembiule o dire qualcosa che non ha detto e che non sa bene cosa sia. Carvalho le si è presentato con la scusa di volersi interessare del ragazzo.

"È a scuola. Torna tra poco."

"Si comporta bene?"

"Benissimo, poverino. Io lo terrei pure con me, ma, senta, cinque bocche da sfamare e mio marito disoccupato da due mesi, se non fosse perché vado a fare le pulizie alla Cassa di Risparmio non avremmo di che vivere."

"E che il bambino resti da solo in casa, con l'aiuto economico di..."

"Impossibile. Un ragazzo di tredici anni. Impossibile. Vediamo un po' che ne dice la zia o se si fa viva la madre. Bella madre, quella. Bella faccia tosta. Abbandonare una creatura così e non pensarci più. Inoltre, il proprietario dell'appartamento avrà fretta di riaverlo vuoto, questi appartamenti sembra che non valgano niente, ma sono molto ricercati. Rifanno il bagno: acqua corrente e doccia. Due piastrelle in cucina, una mano di pittura, e li vendono o li affittano, c'è sempre qualcuno più disgraziato disposto a prenderseli. Inoltre, se resta nell'appartamento da solo, di cosa vivrà? Io gli posso dare da mangiare di tanto in tanto, e qualche altra vicina di casa come me. Ma è la maniera di vivere, questa?"

E proprio a me lo viene a dire, signora? Se il ragazzo di Young non la riguarda, non riguarda neanche me. Ma si ascolta, mentre dice:

"Potrebbe parlare con il proprietario".

"È già qui che gira come un avvoltoio. Be', non esattamente il proprietario. L'amministratore. Con la proprietà c'è un inghippo perché mi pare che ci siano più proprietari e che non vadano d'accordo. Inoltre qualcuno di loro è in Argentina, insomma, un casino. Ma lei dovrebbe saperlo, mi hanno detto infatti che lei ha vissuto qui."

"Sì. Ma sono passati tanti anni. Ci sono appartamenti liberi?"

"Qualcuno. Ma proprio perché dev'essere in rovina. Ce ne sono senza acqua corrente, ancora con l'acqua della cisterna e senza luce nelle scale."

"Ne ho visto uno vuoto. Lo si vede dal terrazzo. Quello in cui vivevano la signora Concha e la figlia Carmen."

"Sì. Uno sul cortile interno della Cocorita."

"La Cocorita?"

"È così che la chiamiamo, un'inquilina che non fa che cantare o parlare."

"C'è un appartamento vuoto in questa casa."

"Uno con la carta da imballaggio alle finestre."

"I vetri sono rotti e tenuti insieme con strisce di carta."

"Proprio quello."

"Di chi è?"

"Di nessuno. Be', dei proprietari, ma non ci vive nessuno."

La porta sulle scale è rimasta socchiusa e Carvalho ha la sensazione che qualcuno stia origliando. Sul pianerottolo c'è il bambino, il corpo incollato al muro e il panico sul volto. Quando Carvalho spalanca la porta, il figlio di Young Serra riesce a malapena a dissimulare la smorfia e a passargli davanti come se qualcosa di urgente lo richiamasse nelle profondità dell'appartamento. Va direttamente accanto alla tavola da pranzo, si mette una mano in tasca e ne tira fuori un mucchio di monete.

"Dove hai preso questi soldi?"

"Lavoro."

"Lavori?"

C'è allarme negli occhi della donna.

"Mi sono messo a pulire i parabrezza delle macchine all'angolo di calle Urgel."

"Ma lei ha sentito?"

Vuole Carvalho come testimone di qualcosa che lei stessa non capisce del tutto.

"Credo di sì."

"E non ha nulla da dire? Cosa si può imparare di buono in mezzo alla strada? Cosa può imparare di buono con dei fannulloni che si guadagnano quattro soldi per i vizi?"

"Io non ho guadagnato quattro soldi per i vizi. L'ho fatto per aiutare."

Carvalho chiude la porta dietro di sé. Lo spettacolo sembra sporcargli non sa quale parte del corpo, forse degli occhi interiori con cui contempla melodrammi ormai per sempre integrati nella sua cattiva educazione sentimentale.

La notte fonda costruisce un orizzonte di volumi cubici sotto stelle sfumate. Carvalho studia la situazione della finestra rammendata, poi salta sul terrazzo accanto e cerca la porta di accesso alle scale. È chiusa. Prende dalla tasca un portachiavi magico che apre tutte le porte e un attimo dopo inizia a scendere i gradini. Ci sono pianerottoli con due porte. Un appartamento sulla strada, l'altro sul cortile interno. Carvalho si avvicina con cautela a una porta e riadopera il portachiavi magico dopo essere rimasto per qualche secondo in ascolto, con l'orecchio attaccato al legno pieno di erosioni dipinte e ridipinte. Davanti a lui si apre la bocca nera dell'appartamento vuoto e disabitato, un corridoio che Carvalho illumina con una piccola torcia, scarafaggi su mattonelle scheggiate e in fondo la corsa veloce di un topolino inseguito dal fascio di luce. Cucina abbandonata, piena di frammenti di piastrelle ai muri, fornello arrugginito di una vecchia cucina economica, un cencio di tenda di cretonne mummificata a coprire ciò che anni prima doveva essere il vano per la pattumiera. Poi una camera da letto con un vecchio letto matrimoniale rotto e senza rete, con un sacro cuore di gesso sul capezzale. Esce di nuovo in corridoio e, ormai quasi in fondo, un vano nella parete con scaffali, su uno dei quali spicca un fornello da campo a butano nuovissimo e sugli altri scaffali scatolette di cibo, a dozzine, con le etichette nuove, come un'esplosione di vita inscatolata nella casa dell'abbandono e della morte. Di fronte al vano misterioso una porta nuova, o restaurata. Carvalho la apre e appare... un'altra porta.

"Una doppia porta."

Si dice, come se non gli bastasse quel che vede. Apre la seconda porta ed entra chinandosi in uno stanzino, una branda, un tavolino, una potente lampadina appesa al soffitto, un gabinetto con rotelle e cisterna, una brocca, tutto nuovo, esageratamente nuovo.

"Di chi? A quale scopo?"

Un Carvalho intrigato, meditabondo, che non nota come alle sue spalle, lungo il corridoio, avanzino tre paia di gambe, due femminili, quattro maschili, in silenzio, e quando Carvalho si volta riesce appena a sbattere le palpebre prima che la torcia degli ultimi arrivati lo abbagli e lo trasformi in una marionetta sorpresa, con un braccio sul viso e l'altro occupato a reggere la torcia.

"Lei chi è?"

Né suadente, né gentile, una voce padrona della situazione, tutto qui.

"E lei?"

"È entrato nella nostra abitazione."

"Pensavo fosse disabitata e volevo verificarne le condizioni per prenderla in affitto."

"Non è da affittare. È nostra. Siamo noi ad averla in affitto."

"Potreste abbassare la luce? Se ci vedessimo in faccia potremmo parlare con calma e chiarire l'equivoco."

"Non c'è equivoco che tenga," insistette la voce. "Lei si è introdotto nel nostro appartamento."

"Lo credevo vuoto, questo è tutto."

"Lo sa che ore sono?"

"Nessun'idea."

"Mezzanotte. L'ora più indicata per visitare appartamenti da prendere in affitto."

Carvalho alza le spalle e a un tratto si lancia contro la torcia. Riesce a farla scostare e cade su un corpo umano, ma gli altri due gli sono già addosso, in un sordo tentativo di trattenerlo. Capisce che non vogliono fare rumore e grida:

"Siete dei gran figli di puttana! Ma non riuscirete a sopraffarmi!".

La violenza degli altri si inasprisce e sulla testa di Carvalho cade per ben due volte la forza contundente di una tonnellata di dolore.

Lo hanno lasciato nello stanzino rimodernato, senza finestre, odora ancora di calce, gli oggetti hanno una verginità oscena, si notano quasi le tracce delle etichette dei prezzi, raschiate in qualche modo. Ha male alla testa. Si tocca con la mano i bernoccoli e la ritira per verificare se c'è del sangue. Ce n'è, e si è rappreso. La lampadina fa una luce bianca che impregna di formalina quanto c'è nella stanza e, anche se l'accompagnatore e guardiano non cessa di camminare su e giù, dal colore conferitogli dalla lampadina potrebbe sembrare uno zombi o un manichino articolato sotto l'abbaglio di riflettori da fiera.

"Dovremmo parlarci. Questo non ha senso."

"Può tacere o gridare. Con la doppia porta chiusa non si sente niente."

"Le assicuro che si tratta di un grave errore."

"L'errore l'ha fatto lei ficcando il naso in faccende che non la riguardano."

È un uomo tutto d'un pezzo, sulla quarantina, forse meno, con un'abbronzatura da spiaggia e una parlata che si direbbe colta.

"Me ne vado e chi s'è visto s'è visto."

"Lei e quelli del suo mestiere si ficcano sempre in faccende che non li riguardano."

Carvalho si cerca il portafoglio. Non c'è.

"Bene, è inutile fingere. Sono un detective privato e mi hanno incaricato di tenere d'occhio un'inquilina dello stabile. Il marito pensa che gli metta le corna."

"In questo quartiere i problemi sono ben altri. Non credo che i mariti si preoccupino di eventuali corna."

"Non creda. La gelosia non conosce confini sociali."

"Di che inquilina si tratta?"

"Di una bionda bellissima. L'altro giorno l'ho vista dal terrazzo. Mi pare che viva nell'appartamento accanto."

Il guardiano ride.

"Infatti. Vive nell'appartamento accanto e tra poco le porterà qualcosa da mangiare."

Carvalho resta perplesso di fronte alla divertita malizia del guardiano.

"Avete affittato anche l'appartamento accanto?"

"Anche. Siamo una famiglia numerosa."

"Vi piace il quartiere?"

"Molto."

"Questa camera la tenete per gli ospiti."

"Esatto."

Si aprono le porte ed entrano gli altri due. Un uomo e una donna, l'ombra bionda che si allacciava il reggiseno in fondo al corridoio. Sotto l'apparenza di tranquillità c'è un evidente nervosismo.

"Mi rallegra che siate venuti. Ho già raccontato tutto al vostro compagno. C'è stato un equivoco. Io sono un detective privato e mi trovo nel bel mezzo di un tipico caso da annusapatte, voi mi capite di certo, sto indagando su un adulterio."

"È per questo che è andato ai funerali del pugile suonato?"

"Ci siete andati pure voi?"

"Inutile che finga. Lei ha commesso un errore e ci ha creato un problema."

"Non aggiungete altri problemi a quelli che abbiamo già."

"Sono fatti nostri."

"Se vi dedicate a buttare giù in strada tutti quelli che vi scoprono tra poco avremo gli spazzini in sciopero."

"Non buttiamo giù chi ci scopre, ma chi si caccia nel nostro territorio, come il suo amico Young o lei stesso."

"Young era arrivato fin qui?"

"Era matto da legare."

Interrompe l'altro con una smorfia schifata.

"Si era messo in testa che questa qui era sua moglie. L'aveva vista un giorno dal terrazzo e si è cacciato qui dentro, come lei, e ha visto tutto quanto continuando a credere che sua moglie vivesse nascosta qui, da dieci anni."

"E lo avete buttato giù perché non vi desse fastidio."

"Non si ammazza la gente per una ragione tanto idiota."

"Avete temuto che me lo raccontasse e che l'intero pasticcio venisse scoperto."

"Quale pasticcio?"

"Mi pare inutile che sia io a dovervelo spiegare. Questo posto sembra preparato in previsione di un sequestro."

I tre si guardano tra di loro, seri, preoccupati.

"Te l'avevo detto."

Uno di loro avverte la donna.

"Young l'ha raccontato al ragazzo e il ragazzo l'ha raccontato a questo qui. Ve l'avevo detto di andare a prendere il ragazzo."

"Siamo costretti, ormai."

Disse l'altro tra la preoccupazione e la determinazione.

"Il ragazzo non sa nulla."

Non badano a Carvalho e aprono le porte per uscire. Carvalho si lancia in avanti e picchia con entrambi i pugni la nuca della donna che grida prima di crollare. Gli uomini esitano tra assisterla o prendersela con Carvalho. Il detective molla una gomitata decisa nella faccia di uno e si lascia cadere sull'altro. Il peso dei due uomini spalanca le due porte. Carvalho cammina su quello che ha sotto e si butta con tutto il corpo nel corridoio, non avanza, scopre che l'uomo abbattuto gli ha afferrato un piede e glielo tira. La donna si è ripresa e precede Carvalho, correndo per uscire dall'appartamento. Carvalho si libera il piede e corre lungo il corridoio in cerca della porta, riesce ad aprirla e quando esce sul pianerottolo vede la donna affacciarsi alla porta dell'altro appartamento con la pistola in mano. Non ha tempo di cominciare a scendere le scale e sceglie di salire, in cerca del terrazzo. Lo seguono facce da cani feroci e adirati, facce che non smettono di inseguirlo nonostante Carvalho salti da un terrazzo all'altro senza prendere tempo nemmeno per fiatare. A un tratto, in mezzo al terrazzo della casa in cui viveva Young, Carvalho vede il ragazzino che sembra quasi aspettarli e non sa se avanzare verso di loro o mettersi a correre.

"Va' via, dattela a gambe, idiota!"

Ma il ragazzino è ancora indeciso. La sua presenza sembra incitare gli inseguitori. Uno si tuffa in avanti con le mani pronte per afferrare Carvalho. Il detective ha visto il movimento, si volta di colpo e molla un calcio alla cieca che colpisce alla mandibola l'uomo, che cade. Ma il movimento è stato troppo brusco e Carvalho non fa in tempo a frenare prima di raggiungere la ringhiera, il suo corpo si piega, vede il vuoto in basso, ma non può far nulla per impedire al proprio corpo di ribaltarsi e cadere in ginocchio sulla fragile grondaia che sembra non reggerne il peso, in basso il fondo risucchiante del cortile dove Young si era sfracellato, in alto la prepotenza dell'inseguitore che gli sta puntando contro una pistola. E quando le mani dell'uomo sembrano golosamente pronte al colpo, a un tratto quest'uomo lancia un grido, scompone il gesto e precipita nel vuoto con un urlo come unica compagnia. Al suo posto appare un ragazzo, con le mani ancora in avanti a spingere e nel viso la decisione di un vendicatore.

Pedro Porta ascolta a capo chino, seduto nella sala da pranzo dell'inquilina che ha accolto il figlio di Young. La donna continua ad asciugarsi le mani, indecisa e spaventata da quanto vede e sente, la madre del bambino cerca di vedere attraverso la finestra quel che non le lasciano vedere gli occhi paralizzati, un poliziotto in borghese ascolta il bambino che racconta la storia, due in divisa si credono costretti alla serietà. Carvalho non leva gli occhi da quel che cuoce in una pentola.

"Mio padre mi aveva detto di aver visto la mamma in un appartamento qui dietro e che voleva parlarle. Mi aveva detto anche che stava con degli uomini che gli sembravano dei poco di buono e un giorno mi ha portato a vederli. Poi è morto e ho avuto paura, ho pensato che lo avessero scoperto, che lo avessero ucciso loro e che poi sarebbero venuti a prendermi."

"Tuo padre non ti aveva spiegato che si trattava di sequestratori e che avevano preparato tutto per nascondere la vittima?"

Il ragazzo capisce la domanda del poliziotto, ma non capisce come mai il poliziotto non capisca che suo padre non aveva immaginato altro che la presenza della moglie dopo aver sognato che fosse rimasta lì per sempre.

"Lui credeva che fosse la mamma. Che fosse sempre rimasta lì. A guardarci. Ha voluto restarti vicina, mi diceva."

E il ragazzo guarda di sottecchi la donna che gli dà le spalle.

"Bene. Mi pare che sia tutto. Dimentica, piccolo. Uno di questi giorni verrai interrogato dal giudice e in seguito sarai chiamato in tribunale come testimone. Dacci il tuo indirizzo."

"Non ce l'ho."

La donna continua a contemplare un paesaggio di cortile interno e non si volta quando la proprietaria dell'appartamento si distrae dai suoi impegni culinari per dire:

"Per il momento servitevi del mio".

E quando gli ispettori se ne vanno, la vicina strizza l'occhio a Carvalho e indica con tanto sdegno quanta prudenza la silenziosa madre.

"Che fegato!"

Anche Porta si congeda e riesce a far sì che la madre faccia ritorno dal suo paesaggio esterno o interiore e intrattenga con lui una conversazione convenzionale. Che ne è della tua vita. Puoi vedere da te. Ti vedo benissimo. Gli anni passano. E la famiglia? La famiglia stufa di commedie e di convenevoli, pensa Carvalho, come tutti. Porta si era autoingannato per non intraprendere il viaggio verso il Venezuela e aveva così rinunciato alla sola cosa in grado di dare una doppia dimensione alla sua vita. Aveva preferito le commedie, tre volte l'anno la torta alla meringa per ciascun compleanno dei figli e gli scherzi della zia zitella quando mostrava il libretto dei risparmi del bambino festeggiato e gridava:

"Vediamo se indovini quanto ci ho messo stavolta...".

E Porta se ne va. Dalla vita di lei, da quella di Carvalho, da quella del ragazzo. Gli si nota nelle gambe e nello sguardo la fretta di chi torna a casa per non dimenticare la strada conservata nella memoria. La donna ha preso una decisione e stringe per un braccio il figlio per portarlo con sé in una stanza appartata. Ormai soli, Carvalho e la vicina, quest'ultima non resiste oltre e scoppia:

"Che fegato, questa donna! Una bestia, come madre, sarebbe meglio di lei. Io me lo sarei mangiato di baci dopo anni e anni senza vedere mio figlio, e lei se ne sta lì, come una statua, senza dire manco una parola, come se non le appartenesse".

"Ognuno è fatto come è fatto, signora..."

"Rosa. Mi chiamano Rosita."

"Signora Rosita."

"Eppure, come si suol dire, siamo tutti cristiani, invece ognuno è fatto a modo suo. Io sono sensibilissima, tutto mi fa patire, e invece ho una sorella che se ne frega di tutto, come quella lì. Vede suo figlio cadere dalla finestra e se ne sta ferma ad aspettare che rimbalzi."

La donna fa ridere se stessa e trattiene la risata con una mano.

"Cosa sta cucinando che ha un profumo così buono?"

"Lenticchie con polpette."

C'è estasi nella sua espressione. La donna ha smesso di asciugarsi le mani ed emette un gridolino.

"Le piacciono?"

"È uno dei miei piatti preferiti. Quando ero bambino, questi cortili a volte odoravano di lenticchie."

"Prima c'era l'abitudine di cucinare un piatto fisso per ogni giorno della settimana. Vuole assaggiarle? Non c'è nulla come la cucina casalinga."

"Non vorrei..."

"Le faccio sempre abbondanti nel caso mio marito voglia fare il bis."

"Se non è un disturbo."

Sicura di sé, del suo ruolo in questa vita e in quella stanza, la donna versa un mestolo di minestra in una fondina. Carvalho l'assaggia deliziato.

"Signora Rosita, sono buonissime."

"Non c'è nulla come la cucina casalinga. Lei è sposato?"

"No."

"Ossia, sempre in trattoria."

"Sì. Be', spesso."

"Allora, faccia attenzione al fegato e allo stomaco. Il cibo delle trattorie fa proprio schifo."

"Non sempre."

Si sente il rumore del portone che si chiude e sia Carvalho sia la donna restano in attesa della decisione offerta dalla porta della cucina-sala da pranzo aperta sul corridoio. Vi entra il ragazzo che avanza con indifferente lentezza fino alla tavola ricoperta di tela cerata e vi lascia sopra un mucchio di biglietti da cinquemila pesetas.

"Mi ha dato cinquantamila pesetas e se n'è andata."

"Ma come, se n'è andata? Ma lei, ha sentito? Ma verrà ancora, certo, verrà qui a prenderti."

"Mi ha detto che se ne torna in Venezuela. Che si è risposata, che ha altri figli. Che siamo due estranei."

La signora Rosita non ha parole o bocca o aria nei polmoni per sputare quello che pensa. Carvalho finisce l'assaggio di lenticchie rimasto nella fondina. Vuole andarsene, il più lontano possibile, ma sa di dover dire qualcosa, di dover lenire con parole l'evidenza della propria fuga.

“Ti dispiace che se ne vada?”
“Non ne ho alcun bisogno.”
Questa volta la vicina, evidentemente, ha bisogno di un trattamento energico perché ha aperto la bocca sino ai limiti dell’umano e non ne esce una sola parola, un solo fiato. E Carvalho le porge la fondina.
“Signora, queste lenticchie sono così buone che ne gradirei un’altra mestolata.”
Gliela serve in modo meccanico, la signora Rosita, mentre si concentra a riconsiderare la situazione.
“Me ne vado.”
Ha detto il ragazzo.
“Dov’è che te ne vai?”
“Al mio angolo di strada. Mi sono messo d’accordo con altri due di calle San Clemente e lavoriamo all’angolo di calle Urgel e Floridablanca. Il semaforo rosso sta acceso più a lungo.”
Né Carvalho né la donna fanno alcunché per trattenerlo. Carvalho pensa: merda. Ma dice:
“Signora, le sue lenticchie sono più buone di quelle di mia nonna”.

Cercasi Shahrazad

Quel giorno Carvalho uscì dalla Cassa di Risparmio non meno preoccupato che ossessionato. I conti non procedevano secondo i suoi progetti vitali. Non aveva bisogno di guardare il calendario per capire che stava per compiere cinquant'anni e nessuno ha mai conosciuto un detective privato che a sessant'anni abbia abbastanza soldi da permettersi un paio di scarpe nuove all'anno. Le scarpe dei detective privati sono animali stanchi e pieni di archeologie di risuolature consumate più volte nell'attraversare a piedi intere città. Al momento della definitiva decrepitudine, Carvalho aveva come prospettiva un ospizio o un ricovero per anziani, non importa quanto dignitosi. Preferiva attendere la fine nella sua casa di Vallvidrera, curato da un'infermiera con un bel davanzale e intelligente nel trattare i vecchi, vale a dire, che non gli parlasse come a un bambino sordo, come in genere si fa con i vecchi. Gli ultimi casi non gli avevano fatto guadagnare granché, ed erano quindici giorni che nessuno gli bussava alla porta dell'ufficio.

"Metti un annuncio sul giornale."

Gli consigliava Charo nei periodi di crisi.

"Sui giornali non si annunciano che i poco di buono, le puttane e gli ingenui."

Pensava o rispondeva Carvalho. Forse si limitava a rispondere, e raccomandava a se stesso di superare i pregiudizi e mettere l'annuncio, mentre saliva le scale del vecchio palazzone sulle Ramblas dove aveva l'ufficio. Gli dei avevano ascoltato le sue preoccupazioni e, abbandonata su una sedia pericolante sotto la compatta corpulenza, vide una signora dai capelli ossigenati, pettinata come una borghese degli anni in cui le borghesi si pettinavano con coscienza di classe e truccata da qualcuno con i colori convenzionali del presunto eterno femminino: pomelli resi artificiali dal fard, bocca ingrandita da un rossetto untuoso e occhi ragneschi per via delle ciglia finte e del mascara. Mia figlia è scomparsa, gli disse subito. Mi scusi, mi permetta di presentarmi, mi chiamo Josefa Bonaire, meglio nota con il nome d'arte di Madame Pepita.

"Non pensi che mia figlia è una scapestrata, però."

Carvalho fa spallucce: Madame Pepita è una minaccia verbale con la pappagorgia oliata dal trucco stuccoso del primo mattino. Dalla spalla sinistra si affaccia il musetto di una volpe che, da viva, doveva essere simpaticissima.

"Fa la ballerina contorsionista."

"Le ragazze d'oggi scompaiono e riappaiono. Uno dei miei clienti smarrì la figlia alle giostre durante la festa del quartiere di Gracia e la ritrovò quattro anni dopo, sposata con un farmacista di Siviglia."

"Che età aveva la ragazza quando si smarrì?"

"Sedici anni."

"Mia figlia ne ha venticinque e non si è smarrita. Era in Grecia, dove ballava in un grande spettacolo musicale all'Hilton di Atene. Ecco la foto."

Una ragazza magra, bruna, tutta muscoli, in bikini accanto a una piscina olimpionica e, sullo sfondo, il Partenone.

"Io in Grecia sono andata quando lavoravo in coppia con suo padre, il Gran Marcel. Poi lui è morto, che riposi in pace, e io mi sono dedicata alla canzone francese, sempre in giro da un posto all'altro. Erano i tempi di Dalida. Sembra tanto giovane, ma Dalida è della mia stessa classe. Lei e io cantavamo quasi insieme *Ventiquattromila baci*. Io ho cantato davanti a Juan di Borbone, a Estoril. Mi chiese: Lei conosce *Luna di Spagna*? Ma certo che la conosco. E gliela cantai. Pensi un po', in quegli anni chi avrebbe immaginato che il figlio di don Juan aveva un avvenire così importante davanti a sé e sarebbe diventato così prestante e famoso? Conosco tutti quanti e mia figlia si consiglia con me prima di prendere una decisione qualsiasi. Dopo questa foto da Atene mi ha scritto una lettera dicendomi che stava per fare una crociera fino a Djerba, in Tunisia, insieme a un amico francese. Avrebbero alloggiato al Club Mediterranée per poi proseguire fino a Marbella. Da lì mi avrebbe contattata per finire le vacanze in una casetta che ho a Lloret de Mar. Ecco quanto. Dopo questa lettera, silenzio."

"Da dove comincio? Rifaccio la crociera punto per punto? Comincio da Djerba?"

"Lei che ne pensa?"

"Se vado direttamente a Marbella, con un colpo di fortuna l'indagine le viene a costare meno."

Quando Madame Pepita se ne fu andata, Biscuter uscì da dietro le tende che separavano l'ufficio dal cucinino che faceva da anticamera al ripostiglio-camera da letto di Biscuter e al gabinetto.

"Capo, che tette, quella signora. Con tutta quella roba, certo che può fare la cantante. Ha fame? Le ho preparato un'orata alla maiorchina con verdure di stagione."

Carvalho mangiò sulla scrivania consultando gli orari di viaggi e telefonando. Si scolò l'ultimo sorso di Señorío del Bierzo e si accese un Cerdán. Anche Biscuter aveva finito di mangiare in un cantuccio del tavolo e accolse il Cerdán con gli occhietti strizzati come esperto e insieme complice delle riflessioni silenziose di Carvalho. Il detective contemplò soddisfatto la sicurezza con cui si accendeva il sigaro il piccolo sgorbio glabro, con i capelli biondastri alle tempie irti per via di un misterioso nervosismo capillare.

"Biscuter, cos'è un contorsionista?"

"Qualcosa a che vedere con la musica, vero, capo?"

"Non confonderlo con un concertista. Un contorsionista è un particolare atleta che ha le articolazioni delle ossa e i muscoli molto forzati ed è capace di assumere posizioni incredibili: mettersi un piede dietro la nuca o accarezzarsi le guance con le piante dei piedi."

"Che schifo, capo. A lei non farebbe schifo accarezzarsi le guance con le piante dei piedi?"

Nella cerchia degli impresari artistici di Barcellona, la figlia di Madame Pepita era conosciuta come Gomma da Masticare, anche se sulla locandina appariva come Shahrazad. La chiamavano Gomma da Masticare perché era in grado di sputare un serpente di gomma che le usciva dalle labbra e le percorreva l'intera architettura della contorsione. Contorsionista sexy, va da sé. Insomma, recita come mamma l'ha fatta, fece sapere il signor Prats Pont, agente artistico.

"Nella foto non mi sembra tanto sexy."

"In scena migliora. Non è affascinante come le grandi vedette, ma la gente è molto presa, angosciata da quei movimenti, si eccita quando apre le gambe e sembra che stia per spaccarsi proprio lì, lei capisce..."

"Capisco. Lavora da sola o in compagnia?"

"Cominciò a lavorare in coppia con il Muscoletti, un ragazzo carinissimo che quando lei diventava un numero otto, o un sedici, perché si mette in posizioni incredibili, la sollevava con una mano... così... vede?"

"Vedo."

"...e poi se la faceva passare sull'altra mano... così... vede?"

Il promotore di artisti ansimava come se stesse compiendo la stessa prodezza del Muscoletti e rimase con il braccio rigido in alto, quasi non osasse scaricare la Gomma da Masticare.

"Metta giù la ragazza e mi dica. Adesso lavora da sola?"

"Da sola. La ingaggiano da sola o con contorsionisti provenienti da altri agenti, soprattutto quando lavora all'estero. Contorsionisti locali."

"Personalmente, com'è?"

"Una professionista dalla testa ai piedi."

"Ho detto personalmente. La sua vita privata."

"Ha avuto una storia con il Muscoletti e poi un fidanzato ufficiale che aveva una scuola privata per ripetenti a Pueblo Nuevo. Ma di lei non sanno nulla. Li avevo contattati dietro richiesta di Madame Pepita. Il Muscoletti fa numeri in cui esibisce la sua forza al club Dalton e lavora anche come scaricastronzi nello stesso club."

"Scaricastronzi?"

"Sì, uno di quei buttafuori che prendono gli ubriachi e li scaricano in strada mollandogli un calcio nel culo."

Carvalho, appena si fece buio, andò al club Dalton in cerca del Muscoletti. Su uno sfondo proiettato di film porno, si contorceva una bionda in piena esitazione, non sapeva se masturbarsi o meno con una banana, esitazione che levava il respiro ai sei o sette dirigenti sparsi nel locale, attorniati da mandrie di *entraîneuses* e travestiti brasiliani depilati di fresco. Il Muscoletti non si sentiva a suo agio nel colletto della camicia e si metteva ripetutamente un dito tra la pelle e il tessuto, come se cercasse sollievo cavandone un truciolo.

"Ho già detto al signor Prats che non so nulla di Shahrazad."

"Ne sono al corrente. Ma lei potrebbe fornirmi qualche dettaglio personale in grado di aiutarmi a farmene un'idea. Vede, nel Mediterraneo la distanza tra Atene e Marbella è enorme. Ci sono tanti di quei posti."

Muscoletti rise.

"Cerchi un bel cazzo e troverà Shahrazad."

"Le piaceva molto darsi da fare?"

"Accidenti. Non ho mai conosciuto una più vacca di lei. Vede una patta e perde la testa."

"E la sua povera mamma non ne sa niente."

"Pure lei non scherza. Quella lì esce in strada senza mutande, per non perdersi un colpo."

Il Muscoletti era un ragazzone alto che sembrava disegnato quasi per un fumetto di atleti paracadutisti, e rozzo come un bullo di quartiere che passa le giornate a toccarsi gli attributi in pubblico, come se stesse verificando il grado di maturità del suo frutto.

"Me la sta mettendo giù difficile. Immagini che devo andare per il Mediterraneo in cerca dei sessi più esimii."

"Non so cosa vuol dire esimio."

Ed era seccato perché ignorava il significato della parola esimio.

"Più o meno vuol dire straordinario."

"Ah, bene. Allora, cerchi a partire da questa misura."

E con i palmi delle mani il Muscoletti indicò una misura rispettabile, tenuto conto della materia in questione.

"Quello della scuola privata rientrava nei termini?"

"Non credo. Ma a Dorita, cioè a Shahrazad, di tanto in tanto veniva la fisima di sposarsi, di smetterla con le posizioni strane e di sposarsi, e quello lì aveva la faccia da marito."

"Come sono le facce da marito?"

"Da pesce lesso. O come le facce di quei pesci rossi nelle bocce di vetro."

Il Muscoletti aveva un'immaginazione vivace.

Non ce l'aveva invece Joan Dotras Puigcerber, laureato in Scienze naturali e in Lettere e filosofia, come spiegavano due dei sei attestati che lo spalleggiavano nell'ufficio della scuola Arnau di Vilanova. Era da tempo che il signor Dotras aveva compiuto i quaranta, che era calvo, ingrassato e non si tagliava le unghie, dure come scaglie di tartaruga.

"Non ne ho la minima idea."

Solo un intellettuale può mettere tanta enfasi nell'affermare di non avere la minima idea su qualsiasi cosa. Nessun'idea su dove fosse la contorsionista, nessun'idea sul suo possibile o i suoi possibili accompagnatori, nessun'idea sui progetti della ragazza, né artistici né professionali.

"Nessun'idea."

Ma una volta chiarito il principio dell'assenza di legami con Dora, il signor Dotras cominciò ad avere qualche idea.

"Nel corso della mia vita mi sono chiuso molte porte alle spalle per sempre. E quando io chiudo una porta per sempre vuol dire proprio questo, chiusa per sempre."

"Capisco il suo stato d'animo."

"Lo capisce?"

C'era un certo sarcasmo inutile nel tono di voce e nel sopracciglio arcuato del suo interlocutore. Né lo capisco né mi interessa, pensò Carvalho, ma rimase in attesa dello sfogo viscerale del professore.

"Le avranno detto che siamo stati sul punto di sposarci, ed è vero. Quando la conobbi non sapevo che si dedicasse a un mestiere tanto strano, ma poi, quando l'ho saputo e l'ho vista sulla scena, ecco, è nato dentro di me un sentimento complesso. Lei ha visto quel film di Marlene Dietrich, *L'angelo azzurro*? Nacque qualcosa di simile al rapporto stabilito tra Lola e il professor Rath. Ho sempre avuto una vena letteraria, che non definirò repressa in quanto anch'io ho scritto le mie cosette, ma soffocata dal peso di questa scuola ereditata da mio padre, l'abbiamo ereditata le mie sorelle e io. Per me quel cambiamento di vita, dall'Arnau di Vilanova di giorno ai night dove lavorava Shahrazad la sera, era estremamente affascinante. Qualcosa di psicologicamente studiato: le vite normali e piene di responsabilità di solito cercano sfoghi occasionali."

"Se non ricordo male il film, Lola è un personaggio distruttivo che utilizza il professor Rath facendolo entrare nel suo mondo. Shahrazad invece voleva sposarsi, voleva essere la moglie del proprietario di una scuola per ripetenti."

Rise come sir Laurence Olivier in un film che Carvalho non ricordava troppo bene.

"Capisco il senso delle sue parole e non mi feriscono. Una scuola per ripetenti è un servizio culturale non meno rispettabile di qualsiasi altra istituzione culturale. Ma sì. Dora, in realtà si chiamava Dora, diceva di volersi sposare e la presentai alle mie sorelle. Un giorno che non dimenticherò mai. Le mie sorelle sono delle sante donne, in età un po' avanzata, che fecero un autentico sforzo per accettare la situazione perché mi vogliono bene e sapevano quanto ci tenessi a Dora. Un'ora dopo le presentazioni, ero già angosciato e pentito di averlo fatto... Lei non può nemmeno immaginare."

"Non ne ho la minima idea."

"Man mano che le mie sorelle parlavano, lei era sempre più sprezzante nei loro confronti e le sue risposte erano sempre più taglienti, capaci di ferirle. Le mie sorelle, che non sono sceme, ammutolirono e, quando Dora pensò di averle in pugno, cominciò a parlare come io non l'avevo mai sentita. Che volgarità, che parolacce, che voglia di provocare!"

"Aveva bevuto?"

"Sì. Di tanto in tanto le piaceva bere e lasciarsi andare, scapigliarsi, come diceva lei. Per quell'occasione avevo comprato una bottiglia di champagne. Era bella fresca e Dora ne bevette più del dovuto."

"Ricorda la marca?"

"Ha importanza?"

"Decisiva."

"No. Ma era uno champagne comune. Non mi piace buttar via i soldi in alcolici."

"Uno champagne di cattiva qualità può spingere una donna alla perdizione. Fece qualcosa di tanto grave da farvi rompere il fidanzamento?"

Il signor Dotras Puigcerber chiude gli occhi per mettere in ordine le immagini dell'accaduto e quando li riapre da quegli occhi esce la scena vissuta in tutta la sua crudezza.

"A un certo punto domandò alle mie sorelle se l'avessero mai vista sul lavoro. No. Naturalmente, non l'avevano mai vista. Allora, prima che potessi dire qualcosa, si tolse gonna e camicetta restando in reggiseno e mutandine e cominciò prima ad ancheggiare, poi salì sulla tavola da pranzo piena di bicchieri e bottiglie e fece uno dei suoi numeri, un numero indecente in cui lei sembrava un quadrato, con il pube oscenamente rivolto verso il pubblico."

Gli occhi di Dotras non si chiudevano. Cercavano in quelli di Carvalho uno stupore atteso, ma non lo trovarono.

"Mi spiace non condividere la sua tesi... Quando lei parla utilizza elementi culturali accumulati per via del mestiere. Menziona film o attori. Dora si limitò a fare quel che sapeva fare."

"Non fu tutto, però. Nella sua oralità scatenata raccontò cose terribili del padre e della madre, cose che evidenziavano un'educazione traumatica lasciata in mano a due irresponsabili, due persone che non sapevano distinguere il bene dal male."

"Lei mi spaventa, signor Dotras."

"Due pervertiti che facevano scambi di coppie ogni volta che ne avevano voglia davanti agli occhi innocenti di una bambina..."

Carvalho decise di non ascoltare oltre il monologo e durante una pausa si alzò per congedarsi.

"Se la trova, non le dica che ci siamo parlati. Mi disturba perfino la semplice possibilità di costringerla a ricordarmi."

"Le sue sorelle hanno superato quel dispiacere?"

"Sì, perché sono due donne forti e ammirevoli. Eppure, sa, talvolta quando mi guardano vedo nei loro occhi un'ombra di dubbio e di tristezza che mi commuove."

Carvalho non aveva dubbi. Le sorelle pensavano: Joan, sei un cretino fottuto.

Fece sapere a Charo che sarebbe partito per il meridione.

"Quale meridione?"

"In Spagna ce n'è uno solo."

Preparò una valigia sobria come la sua stessa vita, nella quale inserì una guida dei ristoranti e la voglia di una via crucis gastronomica da iniziare con la paella maestosa al Levante di Benisanó, opera del grande *paellero* di sua maestà il re di Spagna, una cena presso El Rincón de Pepe di Murcia e disponibilità di corpo e anima a fare un salto all'Hacienda di Marbella durante il soggiorno sulla Costa del Sol. Carvalho esce nell'aria fresca delle Ramblas. I pochi passeggiatori camminano alitando vapore. Carvalho si ferma per un momento, addirittura pensoso, davanti ai manifesti del Panam's. Sussy d'Oro, striptease. Pera Candita e il life sex di Copenaghen. Il sole delimita un rifugio caldo all'angolo del Cosmos ed ecco Bromuro, il lustrascarpe, seduto sulla cassetta, mezzo addormentato sotto la carezza solare. La geografia incompleta delle sue rughe facciali si mette in movimento sentendo il proprio nome in bocca a Carvalho, apre gli occhi gialli e una bocca piena di oscurità e vapori di acquavite.

"Pepiño. Non spaventarmi. Metti qui le scarpe."

"Niente scarpe, Bromuro. Voglio informazioni."

"Non do informazioni se non faccio il mio mestiere. Ciascuno ha le sue leggi."

E si impadronisce delle scarpe di Carvalho, passandosi la spazzola da una mano all'altra.

"La mia quota di sole di ogni mattina. Il sole è sempre il sole. Si porta via tutta la merda che gli umani gli mettono davanti. Tutto quel che c'è tra te e me e il sole è merda umana, Pepiño, inquinamento. Hai letto cosa accade nel mondo? Né comunismo, né democrazia, né altre cazzate. L'essere umano lotta per salvare la Terra. Creeremo una nuova legione, come ai bei tempi."

Bromuro canticchia l'inno della legione: *Sono il fidanzato della morte*. Carvalho aspetta con pazienza la fine del discorso ecologista. La testa calva piena di comedoni fatti di fuliggine incistata sembra un triste, sporco frutto marcio da cui esce la voce come per un miracolo assolutamente prodigioso, inspiegabile.

"Che cosa ti dice il nome di Madame Pepita?"

"Tanto poco da non dirmi niente."

"E quello del Gran Marcel?"

"Comincio a ricordare. Madame Pepita era una vedova da leccarsi i baffi. Prima faceva coppia con il Gran Marcel, ma quando lui lasciò questo mondo lei iniziò a lavorare da sola. Rigat. Bolero. Bei locali. Volò piuttosto alto. Ti ricordi il Rigat, Pepiño?"

"A malapena."

"Quelli erano night, Pepiño, non queste cazzate di discoteche che vanno di moda adesso perché la gioventù diventi sorda e non ascolti la chiamata della natura in pericolo."

"Bene. Ora ti sono tornati in mente. Com'era la coppia?"

"Niente di notevole. Un'onesta coppia di coniugi che si guadagnava da vivere sculettando."

"La figlia? Shahrazad, ballerina contorsionista."

"Questa è un'altra storia. Non me la ricordo molto bene. Di' a quelli lì di portarmi un'acquavite, mi aiuterà ad aprire gli archivi."

Un'acquavite che Bromuro si scola come se fosse l'ultima goccia d'acqua dell'universo.

"Sono a posto, Pepiño. L'acquavite ti mette il sole nelle vene."

"Rischiara un po' anche me, Bromuro. Shahrazad, la ballerina contorsionista."

"È una di quelle che si drogano perfino con il balsamo Sloan. L'hai mai provato?"

"No."

"Ti metti la bottiglia nel naso, aperta, ovviamente. Ti chiudi una narice con un dito e respiri a fondo con l'altra. Poi cambi narice ed è fatta."

"Schedata?"

"Più schedata di Landru."

Carvalho lascia tra le mani di Bromuro un biglietto da cinquecento pesetas e se ne va in cerca delle strade ombrose che sfuggono dalle Ramblas affacciate sul porto. Arriva davanti a un palazzo nuovo costruito sulle macerie del vecchio quartiere, un edificio con l'ascensore che lo porta davanti a una porta razionale e stereotipata. La chiave che Carvalho tira fuori di tasca fende la cicatrice aperta della serratura e apre la porta con la precisione di un gesto abituale. Carvalho avanza nella penombra fino a raggiungere un'altra porta, la apre. Tra i vapori del riscaldamento e la notte si scorge un corpo di donna a letto, seminudo, semiavvolto in una coperta stretta alle curve a riposo. Carvalho la contempla in silenzio, si decide, si spoglia, spinge il corpo della donna per farsi posto accanto a lei.

"Non sei ancora andato via, noioso?"

Dice la donna nel sonno.

"Sono io, Charo. Pepe."

"Pepe!"

Ordina la donna con il viso addormentato ma sorridente e l'abbraccio pronto.

"Che cosa vuoi, dormire o sognare?"

"In ordine alfabetico. Prima dormire e poi sognare."

Ma le buone intenzioni di Charo sono così intorpidite che un minuto dopo ricasca nel sonno. Carvalho ha gli occhi aperti e la testa piena del viaggio.

Il *paellero* di Benisanó lo fece salire nella sua cucina, un fronte di fornelli per *paellas* fatte con pollo, coniglio, lumache e *bajocons*, quei fagioli valenzani, detti pure piattoni, e un soffritto di pomodoro e fagiolini verdi, anch'essi larghi, saporiti e ruvidi. Sembrava una forgia di *paellas* e il risultato era un piatto di carne solido che si mangiava quasi per vizio, prima nel piatto, dopo certi antipasti a base di insalata e tonno locale salato e sott'olio, e poi a cucchiaiate meticolose e precise si mangiava il riso rimasto nella pentola, in cerca del fondo attaccato e concentrato, come se il fuoco gli avesse donato la quintessenza dei sapori. Ormai si era messo corpo e anima in pace con la lentezza del percorso, in particolare con la durezza di star dietro a camion e paciosi guidatori locali quando l'autostrada finisce ad Alicante e resta un tratto breve ma pieno di camion e di gente del posto prima di arrivare a Murcia. Era un capriccio cenare al Rincón de Pepe e Carvalho dovette passeggiare lungo il Segura in su e in giù per dar tempo al ristorante e allo stomaco di aprirsi per la cena. Scelse un menu classico, melanzane con gamberi al gratin e un'orata al sale, e intanto aspettava la tesi di Raimundo sui *calderos* popolari.

"Il muggine è troppo grasso, non c'è dubbio. Qui lo facciamo con pesce di scoglio."

"Ho pranzato con una paella. Non voglio il caldero."

"Per imparare e per mangiare riso ogni occasione è buona."

Il duro percorso tra Puerto Lumbreras e Granada, pieno di valichi e di camion con l'artrosi, gli consigliò di fermarsi in una locanda alla periferia di Granada che sembrava costruita solo per il receptionist.

"Molto solitario, qui da voi."

"Si riempie appena arriva l'estate. La boîte è piena da scoppiare. Gente di passaggio."

A Carvalho annoia la prospettiva del pretenzioso giardino interno della locanda pieno di tavolini vuoti e si abbandona alla complicata semiotica delle insegne che lo conducono alla boîte, un magazzino di ombre rosse, come se l'oscurità e i suoi abitanti avessero subito una scarica di sangue luminoso. Viaggiatori e ancora viaggiatori, alti, bassi e medi, ma quasi tutti catalani. Soli in un angolo cantano a voce bassa due andalusi che si aiutano a vicenda a sfogare le loro pene e a reggersi in equilibrio su un tavolo colmo di bicchieri vuoti. Quattro o cinque donne brune che sembrano appena uscite dall'harem di Abd al-Rahman III dopo vent'anni di buona condotta per ottenere la libertà e un barman il cui pallore si impone come una macchia bianca sull'orgia del rosso. Carvalho si sceglie un posto al banco vicino ai cantori andalusi e si mette a bere e ad ascoltare in attesa che il cervello o lo stomaco gli indichino il bisogno di andare a dormire.

"Sai cosa ti dico, Paco? Che a noi andalusi, nessuno ci batte. Senti un po' quest'elenco, roba da non crederci... Felipe González..."

"Andaluso."

"Il ministro Guerra."

"Andaluso."

"Il torero Paquirri."

"Andaluso."

"La cantante Pantoja."

"Andalusa."

"Cristoforo Colombo."

"Andaluso."

"L'inventore del fritto di mare."

"Andaluso."

"L'inventore del nostro vino bianco."

"Andaluso."

"La Vergine di Triana."

"Andalusa."

E anche quella del Rocío, aggiunse Carvalho, guadagnandosi l'attenzione e l'approvazione dei due, insieme a un invito per un whisky.

"Questo whisky è così cattivo che dev'essere catalano."

Disse ad alta voce uno di loro per farsi sentire dai viaggiatori che si intrattenevano con le ex concubine del califfo. I due compari sono di Siviglia e vanno ad Almería in missione politica al servizio della Giunta.

"Perché ad Almería non vogliono ascoltare quel che si dice a Siviglia e saranno costretti ad ascoltare, vero Paco?"

"Altroché."

“O entrano nella modernità o restano a far compagnia alle scimmie.”

Il più ciarliero era stato poeta concreto e ora è vicesegretario del segretario di un delegato o segretario del vicesegretario di un delegato e l'altro lo accompagna come interprete.

“Ma ad Almería non parlano castigliano o andaluso?”

“Sono molto scarsi di comprendonio, e a me piace parlare in concettuale e lui mi traduce. Io dico: se non sottoscrivete il rimodellamento che implica una riforma agraria legata alle idee della modernità che ci conducono a una tecnologia di punta, perderemo il treno della terza rivoluzione industriale per certi pruriti ideologici facenti parte del patrimonio svalutato del periodo tra le due guerre. E lui traduce.”

“E come traduce?”

“Dico: se non date retta ai capi, resterete nella disoccupazione politica, una delle peggiori disoccupazioni che ci siano. E così capiscono divinamente.”

“Certo, Paco, certo!”

Nella delegazione della capitaneria di porto di Malaga si dimostrarono sensibili allo spettacolo di un buon amico di famiglia che compie un così lungo viaggio per trovare una ragazza che non sanno dove si sia cacciata o che non sa dove sia stata cacciata. Ci sono i dispacci delle navi giunte a Malaga, Marbella e Puerto Banús nell'ultimo mese, ma se la ragazza ha scritto da Marbella la cosa più probabile è che la nave abbia attraccato a Puerto Banús.

“Sono arrivate, per la precisione, due navi da Tunisi, il *Vinoble*, francese, e il *Fucsia*, che batte bandiera italiana anche se il capitano è austriaco, David Sumbulovich. Non credo si tratti del *Vinoble*. A bordo c'era una famiglia di Digione che sta facendo il giro del Mediterraneo. Del *Fucsia* sappiamo solo il nome del capitano e che c'erano due ospiti come passeggeri.”

Carvalho prese due bicchieri di vino di Malaga in un'osteria dove non si poteva bere che vino di Malaga, e questo nonostante il pessimo umore ostentato quel giorno dall'inserviente, come se gli seccasse vedersi svuotare i barili.

“Un bicchiere di vino di Malaga.”

“Non sarà della Coruña.”

A Carvalho venne voglia di mollargli un calcio tra le gambe, ma si trattenne. Cerchiamo di stare calmi. La cornice del Mediterraneo offriva la tentazione dei bianchi villaggi dell'interno, Benalmádena, Mijas, Coín, Ojén, che Carvalho aveva conosciuto durante un pellegrinaggio spirituale in Andalusia in cerca del misterioso fascino che aveva stregato tanti viaggiatori famosi. Non l'aveva trovato, ma si era imbattuto in eccellenti prosciutti sulla sierra dell'Alpujarra e a Ronda e a Montejaque, e in vini pre e postprandiali assolutamente attribuibili a un periodo in cui l'umanità e la geografia erano in buoni rapporti con la Provvidenza. Quando raggiunse Marbella si era già scolato dieci bicchieri e aveva trangugiato un intero bancone di pesciolini fritti. Andò direttamente al porto di Marbella e consultò sui registri il possibile arrivo dello yacht *Fucsia*, bandiera italiana, proprietà di David Sumbulovich.

"Se non è arrivato in questo porto, dove ha potuto attraccare?"

"Queste barche non vanno a Cabopino, un porto privato del complesso residenziale. In ogni caso a Puerto Banús."

A Puerto Banús l'arrivo del *Fucsia* era registrato il quattro ottobre e la partenza l'otto.

"Chi c'era a bordo?"

"Qui risultano il proprietario, il capitano David Sumbulovich, il cittadino francese Henri Grazier e Juan Lasplazas come passeggero ospite."

"Nessuna ragazza?"

"No."

"La barca è tornata?"

"Solo per lasciare Lasplazas. Probabilmente ha fatto una gita a Gibilterra. Visto che il cancello alla frontiera è chiuso è raggiungibile soltanto via mare. Molta gente ci va per acquisti e torna subito indietro. È quel che deve aver fatto Lasplazas."

"Lui è di queste parti?"

"La sua famiglia è molto conosciuta. Sono di Algeciras. Ma lui vive tutto l'anno a Nueva Andalucía. Fa il custode al casinò, be', il custode, butta fuori quelli che combinano guai."

Uno scacciastronzi che sorvegliava un altro scacciastronzi.

Il casinò puzzava di vomito di soldi e due donne delle pulizie ballavano una strana danza lenta su due stracci che trascinavano per lucidare il pavimento con la cera, concentrate sul lavoro di lustrare la doppia pelle del mondo, senza badare al dipendente che tra le mille cose che ha da fare dà ascolto a Carvalho. Dopo quattro domande con risposte insufficienti, Carvalho gli mette una mano aperta davanti agli occhi.

"Attento agli infarti. Se va avanti così si stressa."

"Cosa dice?"

"Lei fa troppe cose alla volta e questo non può farle bene."

"Sa, a me della vita privata di Lasplazas me ne frega meno di niente."

"Adesso comincia a parlare sul serio."

"Qui fa il suo dovere e fuori vive di inciucci, come tutti da queste parti della costa. Se sfrutta qualche donna sono affari suoi."

"Non ho detto che sfrutti qualche donna."

"Allora sono io che glielo dico."

"In quale locale le va a trovare?"

"Cominci dalla Reme, è la più stabile, quella che deve avere la lista completa delle sue pupille."

"Lei non stima troppo il signor Lasplazas."

L'omino ha l'aspetto del seminarista di Zamora che si è visto rovinare la vita da una malafemmina.

Lo pensa, ma non glielo dice.

"Chiodo scaccia chiodo. Qui abbiamo bisogno di gente come lui che ci protegga da altra gente come lui."

Tutta una filosofia. Uscendo dal casinò venne aggredito dallo spettacolo delle zone residenziali che muravano il Mediterraneo, con ferma volontà di spazzar via ogni rimasuglio di paesaggio. Decise di andare direttamente a trovare il "signorino" Lasplazas e la sua profetessa, la Reme. Doveva essere molto popolare, perché la prima donna cui chiese gli indicò l'appartamento dove viveva. Carvalho trovò la porta socchiusa e poi, davanti allo specchio offuscato di una coiffeuse, una donna nuda, seduta, intenta a spazzolarsi lentamente la lunga chioma bruna. Quando si volta, tutte le punte del suo corpo si presentano violacee, i capezzoli, la boccuccia di rosa, gli occhi che sembrano quasi viola.

"Reme?"

"Sei amico di Juan?"

"Potrei diventarlo."
"È lui che ti manda?"
Si era messa in piedi. Si copriva i seni bruni con la spazzola, ma lasciava scoperto il triangolo del sesso, un'oscurità metallica che Carvalho aveva visto soltanto nel pube delle nere. Carvalho non staccò lo sguardo dal crespo triangolo e così gli parve che la voce uscisse da quel triangolo delle Bermuda.
"Mi piaci più di altri. Ti ha detto il prezzo?"
"Quel che decido io."
"Questo non è un prezzo."
"Può essere assai più di un prezzo. Ma posso assicurarti che non ti chiederò niente."
"Hai voglia di scherzare. Basco?"
"Perché basco?"
"I baschi sono solitamente molto spiritosi."
"Sono venuto a trovare Lasplazas e se non c'è intendo aspettarlo."
La donna soffiò su una frangetta che non aveva e fece spallucce prima di voltargli le spalle e proseguire la sua toeletta. Ma gli occhi di Carvalho non si staccavano dalla schiena nuda della donna e di tanto in tanto lei si voltava come se quello sguardo la pizzicasse, prima divertita, poi sempre più seccata.
"Senti, carino, non hai mai visto una donna nuda? Non ricordi tua madre il giorno che ti ha scodellato?"
"Mia madre era incapace di scodellarmi nuda."
Finse di non badarci e si riempì i capelli di strani tubi metallici che le dettero subito l'aspetto di un animale sottoposto a un'esplorazione cerebrale elettronica.
"Sei la ragazza di Lasplazas?"
"Può darsi."
"Ha altre ragazze?"
Adesso la donna si è girata e appoggia una mano nuda sul fianco nudo.
"Ma non la smetti mai di scherzare?"
"Non avevo mai avuto una conversazione così lunga con una donna nuda."
"Mi sorprende perché hai la faccia di uno che non sa fare altro che parlare. Senti, gioia, davvero non sei venuto per portarmi a letto? Se non sei venuto per questo, va' a Puerto Banús e comprati un sacchetto di patatine fritte

e un lecca-lecca, e divertiti a guardare i panfili degli arabi, forza, cuor mio, che mi fa venire i nervi avere un cretino dietro la schiena."

"Le donne colleriche non vivono a lungo."

Tra la furia e la sorpresa, la donna scelse lo sdegno, ossia la via di mezzo.

"Vaffanculo."

Carvalho notò che qualcuno gli stava rubando spazio alle spalle e si voltò in tempo per vedere come un uomo potesse occupare l'intera cornice della porta.

"Juan, questo tizio ha voglia di sfottere. Perché mi mandi dei rompipalle?"

"Questo signore non te l'ho mandato io."

Lasplazas fece un cenno con la testa e la donna se ne andò in cerca dell'intimità del bagno riempiendo l'aria di curve disegnate dal movimento delle natiche. Carvalho apprezzò i bicipiti esibiti da Lasplazas con il sistema di arrotolarsi le maniche della polo Fred Perry fin quasi agli omeri.

"Se mi stava cercando, mi ha trovato."

"In realtà sto cercando un'amica di un suo amico."

"A seconda dei punti di vista, di amici ne ho pochi o molti."

"Allora cerchi il punto di vista giusto perché rischia grosso. Si tratta di Shahrazad, la figlia del Gran Marcel e di Madame Pepita."

"È una famiglia cinese?"

Carvalho gli propinò due sonori schiaffoni, forti ma paternali e quando Lasplazas stava per attaccare come un toro si trovò davanti un coltello dalla lama di quindici centimetri a metà strada fra i propri pugni e Carvalho. Fece un movimento all'indietro per mettersi la mano in tasca, ma Carvalho si avventò facendo un mulinello che lasciò una scia di freddo acciaio all'altezza degli occhi sgranati di Lasplazas. Si tranquillizzò quasi subito e scelse di appoggiarsi quasi sorridente contro il muro.

"La ragazza era arrivata su una barca chiamata *Fucsia*. Poi la barca è andata a Gibilterra e ha fatto ritorno. Ma a quanto pare senza la ragazza. Dove si trova?"

"Quando ci sono salito, tra Henri e lei era tutto finito. Avevano passato i quattro giorni a litigare e un bel mattino lei ha deciso di andarsene lasciando la faccia di Henri piena di graffi. Va detto che Henri è difficile da accontentare."

"Dov'è Henri?"
"Svanito, forse si è arruolato nella legione."
"Ti do tempo fino a stasera per trovare una risposta che mi sia più gradita. Altrimenti mi presento stasera stessa al casinò, dove continueremo questa conversazione a voce alta, dopodiché te la dovrai vedere con la polizia."
Lasplazas non era abituato a farsi pestare i piedi e un'antica superbia gli montò impotente in una boccata di voce strozzata.
"Ma lei che cosa vuole? Che ne so io di dove si è cacciata quella lì! Lo domandi a Sumbulovich, può darsi che ne sappia più di me."
"Dove posso trovarlo?"
"A qualsiasi festicciola. È uno di quelli che si vedono sulle riviste rosa, uno della jet society."
"Sputa il programma delle festicciole."
"Questa sera c'è una cena fredda con un sacco di gente in casa di un attore cinematografico, Rory Weisberg."

Di nuovo in strada, Carvalho capì la situazione. Due uomini bruni e lunghi come ombre sembravano reggere la casa con le spalle strette al muro, ma con le gambe pronte a spiccare un balzo. Carvalho guardò in alto e vide Lasplazas sul balcone. Non dissimulò, si diresse verso i due e le loro spalle più che staccarsi sembrarono rimbalzare dalla parete. I due corpi avanzarono verso Carvalho. Erano a pochi metri quando il detective, come se si limitasse a fare un controllo, estrasse la pistola da sotto l'ascella e verificò che fosse carica. I due uomini si bloccarono, muovendo solo il collo per alzare la testa e guardare verso il balcone. Lasplazas fece un gesto e voltarono le spalle a Carvalho come per prendere di colpo un'altra direzione, quella giusta. Carvalho si rimise la pistola sotto l'ascella e li seguì. Prima alla loro stessa andatura, poi accelerò, e anche loro accelerarono per evitare di essere raggiunti. Secondi dopo andavano quasi di corsa. Loro preoccupati, Carvalho quasi sorridente. Improvvisamente gli uomini si divisero lo spazio, uno a destra, l'altro a sinistra. Carvalho seguì quello che sembrava più fragile e spaventato e lo raggiunse mentre metteva piede in un bar.
"Signore, per favore, mi saprebbe dire dov'è Shahrazad, la contorsionista?"

L'uomo accetta la domanda come la cosa più naturale del mondo. Abbassa la testa e senza rialzarla risponde:

"Ma cos'è questa roba?".

"Una donna."

Carvalho gli allunga una fotografia.

"Non la conosco."

"Mai sentita nominare?"

"No."

"Come mai conosce Lasplazas?"

"Non lo conosco. Non so chi è questo Lasplazas."

"Il pappa sul balcone."

"Non frequento i pappa. Sono un disoccupato. Può trovarmi un lavoro? No? Allora mi lasci in pace."

"Le serve qualcosa?"

La voce risuonò alle spalle di Carvalho. L'altro aveva girato intorno e ora si trovava dietro Carvalho. Il detective non si voltò. Disse:

"Stavo cercando un posto per questo disoccupato".

"È difficile trovarglielo. Il mio amico fa il becchino."

"E lei?"

"Gli do una mano."

Carvalho molla un calcio all'indietro e si gira in tempo per prendere per il bavero l'uomo rattrappito sul proprio dolore. Lo mette accanto all'altro. Li guarda.

"Non so se siete disoccupati, ma quel che è certo è che siete fessi. Dite a Lasplazas che a partire da adesso non mi mandi gente così cretina."

Era rancore quello che luccicava negli occhi dell'aggredito, un rancore che seguì Carvalho fin quando il detective svoltò l'angolo e salì in macchina per arrivare quanto prima al Melià Don Pepe. Il receptionist seppe apprezzare l'eccellente entrata di Carvalho.

"Mi manda il signor Weisberg. Sono venuto per la festa di stasera e vorrei una camera con vista sul mare."

Il receptionist annuisce, complice dei magnifici intenti e desideri del cliente.

"A proposito. Ho dimenticato di chiedere l'itinerario per raggiungere la sua villa."

"Non si preoccupi. Il signor Weisberg gode di grande popolarità in questa zona, e la sua tenuta è dietro Las Lomas de la Sierra Blanca, proprio alle spalle della clinica Buchinger."

Mentre il facchino gli portava su le valigie, Carvalho andò ad acquistare una collezione completa di riviste rosa, le sparse sul letto e studiò tre servizi paralleli sulle feste di Marbella. In due di questi, Rory Weisberg appariva al centro di gruppi privilegiati, miliardario arabo incluso e i soliti manager della felicità stanzianti sulla Costa del Sol. Dopo un'ora di lettura, Carvalho era un esperto, in grado di dare del tu e perfino di baciare sulle guance la principessa Gunilla von Bismarck.

Gunilla von Bismarck ricambiò i baci depositati da Carvalho sulle sue guance, lasciando sospese in aria due intenzioni di bacio dato con la bocca minuscola.

"Ci ha presentati il marchese di Alfarache durante la sfilata di moda di Queta Kleiser."

"Ah, sì! Che splendidi modelli!"

Anche se le bionde gli piacevano, c'erano troppe sollecitazioni intorno a lui per dedicare più tempo alla principessa tedesca. Lì, a tre dimensioni, c'erano gli avanzi della jet society iberica dopo dieci anni di transizione politica e di selezione delle specie sociali. La riunione girava intorno a due nuclei fondamentali, il plurimiliardario arabo Suleiman Al Refendi e la coppia formata dall'attrice cinematografica Jacqueline Bisset con un ballerino russo fuggito dall'Est per vedere come avrebbe potuto funzionargli a Ovest. I padroni di casa facevano la faccia da padroni di casa, una piccola smorfia sorridente e indiscriminata con gli occhi attenti affinché non mancasse nulla a nessuno, nemmeno la conversazione. Fu così che Rory Weisberg andò verso Carvalho, troppo solitario per i suoi gusti, e lo guidò verso il gruppo in cui Jaime de Mora e Aragona dissertava sullo sterminio dei canguri in Australia.

"Eppure io non ho mai visto un cappotto di pelle di canguro."

Commentò una dama assassina disposta a indossare la pelle di qualsiasi animale vivente purché costosa.

"Si occupa di assicurazioni?"

Domandò Jaime de Mora a Carvalho.

"Assicurazioni navali. Come ha fatto a indovinare?"

"Glielo si legge in faccia."

Rory Weisberg guardava Carvalho con una certa curiosità mentre mentalmente si ripassava la lista degli invitati in cerca del suo nome. A Carvalho l'attore sembrava molliccio e un po' calvo, anche se erano passati troppi anni dall'ultima volta che l'aveva visto fare la parte del colonnello inglese sfortunato, ridotto come un colabrodo da cinquemila lance indiane. Arrivò la signora Weisberg con una preoccupazione urgente e il marito se ne andò dietro quel prodigio di piccoli muscoli orditi e disfatti da cinque ore giornaliere di massaggi.

"Vuole assicurare Suleiman Al Refendi? Io potrei aiutarla."

Jaime de Mora strizzava l'occhio a Carvalho.

"In realtà sono venuto per incontrare David Sumbulovich, l'armatore del *Fucsia*."

"David? David e io siamo intimi."

Le braccia del fratello della regina Fabiola del Belgio si aprirono per comprendere la dimensione di quell'amicizia. Un braccio tornò al suo posto, in posizione di riposo, ma l'altro rimase in alto indicando qualcuno tra la folla.

"Eccolo lì. David!"

Si voltò verso di loro un giovane macilento e alto, con le labbra grosse e piegate all'ingiù, gli occhi grossi e piegati all'ingiù, la fronte divisa da due bozzoli. Un corridoio si aprì tra Sumbulovich e Jaime de Mora, un corridoio che l'armatore del *Fucsia* percorse abbozzando un sorriso sconcertato.

"Eccolo qui."

David Sumbulovich guardava Carvalho con un mezzo sorriso e Jaime de Mora con l'altro mezzo.

"La raccontate anche a me, questa barzelletta?"

"Questo signore ti stava cercando."

Non gli diede il tempo di sorprendersi. Carvalho lo prese per un braccio e lo portò in disparte guardando significativamente chi li aveva presentati.

Mentre trascinava via Sumbulovich, percepiva sempre più tesa la muscolatura dell'altro, in opposizione all'assedio imperioso del suo braccio. Carvalho continuò a camminare fino a raggiungere il giardino e individuare un piccolo spazio vuoto in cui Sumbulovich e lui potessero parlarsi faccia a faccia.

"Lei, chi è?"

"Sto cercando Shahrazad."

"Parla di un ballo, no?"
"Di una ballerina. Una ballerina che ha viaggiato con lei e Grazier da Djerba fin non so dove."
"È andata via."
Non aveva voglia di fargli sapere. Il gesto era stato di una svogliatezza eccessiva e senza la minima volontà di indicare la direzione esatta presa da Shahrazad. Carvalho gli prese il braccio e tirò Sumbulovich finché si trovarono per davvero faccia a faccia, alla lettera.
"Ti decidi a ricordare dove se n'è andata?"
"Attento a queste mani."
All'armatore del *Fucsia* sudavano le labbra. Carvalho stava per assestargli un paio di pugni in testa quando avvertì il peso di una mano sull'omero. Era Weisberg, spalleggiato da due domestici o quantomeno da due uomini travestiti da domestici.
"Temo che lei abbia sbagliato festa, signor?... Carvalho... L'hai invitato tu, David?"
"No."
E sorrise trionfale liberandolo con una manata dall'oppressione delle mani di Carvalho. I due domestici avanzarono verso il detective, ma quando questi alzò le braccia e sorrise loro in gesto di resa si fermarono.
"Me ne vado. Infatti. È stato un equivoco."
Giunse di corsa la signora Weisberg lanciando gridolini acuti.
"Sta arrivando! Sta arrivando il cous-cous da Marrakesh!"
Passò davanti alla dama con un inchino di testa, seguito da vicino da Weisberg e dai due bulli. E davanti alla porta si voltò con il raccoglimento richiesto da una confidenza.
"Un cous-cous da Marrakesh?"
"Suleiman Al Refendi ci ossequia con un cous-cous appena arrivato in aereo da Marrakesh."
"Il cous-cous scaldato è sempre stato e sempre sarà un errore."
Fu allora che qualcuno gli mollò un pugno e si ritrovò seduto a terra, solo, sotto le stelle e la sagoma di una palma da datteri disegnata dalla luna.

Gli doleva la mascella anche se al suo posto e, quando lo verificò cercando di orientare gli occhi tra le piante del giardino e le auto parcheggiate, un'altra presenza intuita lo mise sulla difensiva. Un cinquantenne dai capelli argentati lo guardava bonario in attesa di essere riconosciuto. Per la testa di Carvalho passarono dozzine di schede personali finché il volto del comparso coincise con un ricordo.

"John Cromford."

L'omaccione gli diede la mano e lo sottopose a un frenetico scuotimento che gli strappò attimi di dolore dalla mascella recentemente contusa.

"Non ti hanno trattato molto bene."

"L'hai visto?"

Cromford assentì e si mise a camminare accanto a Carvalho, o fu Carvalho a mettersi a camminare accanto a lui.

"Questa è gente molto aperta ma ha le sue regole. Non vuole agenti della Cia sbandati alle sue feste."

"Non sono più un agente della Cia. E tu?"

"Neanche. Adesso faccio il giardiniere."

"Qui?"

"No. Diciamo che faccio il giardiniere all'ingrosso. Ho un vivaio. Per esempio, tutti i fiori e tutte le piante che vedi in questa zona residenziale, da ovest a est, da nord a sud, sono figli miei. Sono nati nei miei vivai."

"In pensione?"

"Ritirato."

Nel ricordo vedeva la testa di Cromford come quella di un dio elicottero, una testa poderosa e sanguigna sulla quale giravano le pale di un ventilatore appeso al soffitto nell'Hotel Raffles di Singapore. Cromford lavorava per l'Intelligence Service e Carvalho copriva un viaggio di propaganda del Dalai Lama, approfittando di un po' di tempo libero tra una missione a Bangkok e un viaggio di piacere fino a Bali. Ma Cromford lo conosceva già da prima. Londra. Miami. Lisbona.

"Di cosa ti occupi?"

"Detective privato."

Cromford scelse un ghigno.

"I bravi calciatori sono solitamente cattivi allenatori."

"Alla mia età, non servo che per guardare."

"Cosa cercavi in casa di Rory?"

"È amico tuo?"

"Qui nessuno è amico di nessuno, ma siamo tutti amici."

"Una ragazza che si è smarrita o si è nascosta."
"Minorenne?"
"No?"
"Il marito?"
"No. La madre."
"Questi spagnoli!"
Cromford ride in modo eccessivo e batte una mano sulla spalla di Carvalho con una familiarità altrettanto eccessiva. Cinquecento Singapore Sling al banco del Raffles in una settimana non invitavano a tanta familiarità.
"Una mamma che cerca la sua bambina quarantenne."
"Venticinquenne. Cosa vuoi. Qui la famiglia conta molto. Conosci Sumbulovich?"
"Qui tutti ci conosciamo e non conosciamo nessuno."
"Sei un filosofo."
"Lo conosco. È una canaglietta che si guadagna da vivere noleggiando una nave e portandola in giro. Un piccolo avventuriero di poco conto."
"E Lasplazas?"
"Poco più di un bullo."
"Sai molte cose per essere soltanto un giardiniere."
"L'istinto. Il mestiere non si dimentica. Gli abitanti di questa costa sono cambiati. Prima si dividevano tra ricchi franchisti e tutto il resto, adesso si dividono tra arabi ricchi e tutto il resto. Che cosa fiuti nel caso di questa ragazza?"
"Tratta delle bianche."
Cromford ha portato Carvalho fino alla sua macchina con uno strano istinto, frutto forse della passata esperienza. Con un colpo d'occhio coglie la dissimulata attesa di Carvalho.
"Questa dev'essere la tua macchina, vero? È l'unica mediocre tra tutte quelle parcheggiate qui."
Carvalho aspetta di essere invitato a bere un bicchiere da qualche parte. Ma invano. Cromford tace e medita sotto la luna e quando Carvalho è già entrato in auto, si affaccia al finestrino e gli dice:
"Passa per Ceuta, domani. Come un turista tra i tanti. A fare spese. Vai ai magazzini Calatrava e parla con il padrone, da parte mia, digli che vuoi vedere il turco, soltanto questo, che vuoi vedere il turco. Lui ti dirà se è un caso di tratta delle bianche. Se ti dice di no, vuol dire che la ragazza è scappata con un violinista svedese, per esempio. Poi mi fai sapere".

E gli mette nella tasca della giacca il biglietto da visita che aveva già in mano.

Si svegliò con la sensazione che qualcosa non andasse per il verso giusto e, infatti, gli faceva male la mascella e aveva pochi minuti per prendere il primo ferry-boat che collegava Algeciras a Ceuta. Arrivò giusto in tempo per salire sulla nave della Transmediterranea con la rampa d'imbarco delle auto a mezz'asta. Si lasciò andare all'ossessione di trovare dei sigari nel free-shop della nave, ma non avevano che quattro sigaracci delle Canarie di seconda o terza scelta, penuria compensata dall'abbondanza di elettrodomestici infernalmente rumorosi. Ceuta era un'estensione del free-shop: nemmeno un centimetro quadrato della città che fosse libero da quelle scatolette di metallo cosmico e plastico da cui uscivano abbaianti mute di cani da preda divoratrici di uditi umani. Non fu quindi troppo confidenziale il tono di voce usato per cercare di imporsi sulla sarabanda musicale che regnava nei magazzini Calatrava e quando la parola "il turco" superò la cresta di ululati rockettari delle cassette simultanee e propagandistiche, lo sdegno plasmatosi sul viso del padrone del locale si distribuì sul territorio facciale con una volontà furiosa di strozzare la voce dell'intruso. Ma il nome di Cromford lo inserì in un percorso di vicoli isolati dalla strada commerciale in centro, in cerca del quartiere arabo. La casa del turco era uno chalet alpino-spagnolo con palma, pieno di elementi che parlavano di un ordine visivo appartenente a qualche antico proprietario, ma il turco l'aveva trasformato nel possibile retrobottega di una bottega inesistente. Tutto sembrava far parte di una rivendita di terza mano e il turco aveva maniere e sguardi da straccivendolo degustatore di residui. Come se si trattasse dell'offerta speciale di qualcosa che non gli interessava, guardò e annusò la foto di Shahrazad, ascoltò il riassunto storico di Carvalho e negò con la testa.

"Questa ragazza non è entrata in nessuna rete di tratta delle bianche. Dica a John che può stare tranquillo. Parola di turco."

Carvalho tentò di fargli riguardare la foto mentre gli raccontava per la seconda volta tutta la storia, ma il turco si alzò, gli voltò le spalle e sparì dietro un paravento che sembrava rubato da un bordello scalcinato. Alla porta non lo aspettava chi l'aveva accompagnato fin lì e Carvalho dovette scendere a piedi fino al livello del porto e della strada commerciale. Aveva a sua disposizione un mucchio di ore prima della partenza del ferry di ritorno alla penisola e considerò che la sola cosa in grado di fargli superare la depressione fosse comprarsi una scatoletta di caviale iraniano. Nei supermercati free-tax il caviale iraniano si vendeva allo stesso prezzo dei diamanti importanti della collezione privata della regina Giuliana d'Olanda. Ma se lo meritava, e ne acquistò due etti e mezzo sistemati in un contenitore pieno di neve artificiale. Attratto dal loro cromatismo, acquistò dieci scatolette di bottarga e cercò di fare in modo che un qualche commesso gli confessasse dove mangiare del buon cibo arabo.

"Sa, potendo mangiare qualcosa della cucina spagnola, non vale la pena di mangiare cucina araba."

"È un'opinione."

C'era una cospirazione vastamente estesa dedita a sconsigliargli di mangiare in un ristorante arabo per cui dedusse che i giorni di Ceuta come città spagnola erano ormai contati. Quando si raggiungono simili livelli di intransigenza gastronomica, significa che il dialogo tra le diverse comunità è diventato impossibile. Ma né il suo compito, né il tempo che aveva a disposizione erano quanto di più indicato per mutare quel che già era stato stabilito e si sottopose disciplinatamente a quanto voleva fare di lui il menu di un ristorante accanto alla spiaggia. Brodo di pesce spada o pesce spada alla griglia.

"Mi porti il piatto più tipico di Ceuta."

"Gazpacho o pesce spada."

Si arrese davanti alla preponderanza del pesce spada alla griglia ordinando come vino da pasto il bianco La Quinta con cui voleva inzuppare tutto il viaggio in Andalusia. Prese la prima nave di ritorno e sopportò la lunga perorazione di un vecchietto, un ex colonnello di artiglieria, commosso davanti allo spettacolo della rocca di Gibilterra che il ferry si lasciava a destra.

"Mi sento ribollire il sangue ogni volta che vedo questa parte di Spagna sotto il tallone straniero. Ma non abbiamo avuto i coglioni, noi spagnoli, per riprenderci questo pezzo di patria in quasi trecento anni, da quando è caduto nelle mani della perfida Albione?"

"Non si faccia cattivo sangue. Pensi a Colombo, quanto si avvicinò a New York, e oggi nessuno lo tiene più in conto."

"Certo. Certo."

Ammise il vecchietto affascinato da quella prospettiva della decadenza spagnola, fino ad allora celata alla sua percezione patriottica.

"E adesso è dei negri."

Disse l'ex colonnello con tutta la rabbia accumulata nel corpo sorretto più dalle varici che dalla muscolatura rimasta. Carvalho si congedò molto affettuosamente dall'interlocutore augurandogli una prossima riconquista di Gibilterra. Andò a riprendersi l'auto parcheggiata sul viale del porto e, arrivatoci, vide il disoccupato di San Pedro seduto sul cofano.

"A quanto vedo, ha trovato lavoro. Mi custodisce l'auto."

"Lasplazas vuole vederla."

"Mi vedrà, tranquillo."

"Faccio come mi ordinano. Dice che forse sa qualcosa di quel che cerca. La aspetta alle nove all'Antonio's di Marbella."

"Alle nove e cinque."

"Va bene. Alle nove e cinque."

"Suppongo che faccia lo stesso."

L'uomo sembra guardare con curiosità la borsa che Carvalho ha in mano. Il detective ne estrae alcune scatolette.

"Caviale iraniano."

"Si tratta bene, vedo."

"Tenga. Questo è caviale di muggine. Meno buono, ma per un disoccupato non è affatto male. Dia un po' di proteine ai ragazzi."

John Cromford, alla luce del giorno seppur crepuscolare, aveva la stessa faccia da bonaccione malvagio con cui l'aveva conosciuto al banco del Raffles. L'inglese voleva protrarre l'effetto sorpresa del giorno prima e, appena lo vide, si passò una mano sugli occhi.

"Impossibile. Sei un fantasma."

"Un fantasma di passaggio."

"Com'è andata a Ceuta?"

"Il tuo turco mi ha detto che niente di niente. Che la ragazza è svanita e questo è quanto."

"Capita."

Gli indicava la strada verso i tavolini di un terrazzo dal quale si scorgeva l'intero suo vivaio. Appena seduti sulle alte poltrone di giunco filippino, apparve una ragazza che posò sul tavolino due bicchieri alti e pieni.

"Singapore Sling. È sempre il tuo vizio segreto?"

"Adesso non bevo che vino e acquavite fredda. Il mio fegato non è più quello di una volta."

"L'ultima volta che ti ho visto prima di questi incontri è stato al banco del Raffles di Singapore e davanti a noi c'erano gli inevitabili bicchieri di Singapore Sling. Guarda che tramonto."

Anglosassone un tempo rubicondo, ora incanutito, pancia mal contenuta dalle cure sportive, mazze da golf e racchette da tennis mal disposte nel soggiorno aperto su un terrazzo posto sulle colline della Costa del Sol, davanti a un mare silenzioso, con presagi della sera imminente.

"Ai tropici c'è sempre una pellicola di umidità che ti separa dal mondo reale. Qui la natura ti arriva senza filtri. È selvaggia. Mi piace."

Carvalho lasciò che Cromford facesse da anfitrione della sua casa e del paesaggio. Con i gomiti appoggiati alla balaustra di finta rusticità violò l'incantamento dell'inglese dicendogli a un tratto:

"Conosci bene Lasplazas?".

"Forse. Ti dedichi unicamente a cercare ragazze smarrite?"

"Traffico con caviale iraniano. Ne ho la borsa piena."

"Sbrigati. Khomeini la farà finita con il caviale iraniano. Le rivoluzioni la fanno finita con il piacere, la prima cosa che sopprimono è il piacere."

"Ti dedichi ancora a trasformare le rivoluzioni in controrivoluzioni?"

"Ho un vivaio. Adesso mi dedico a crescere alberi e piante per i giardini della Costa del Sol. Che cosa ti dice la parola jacaranda?"

"Una bevanda, un ballo, una donna, un albero."

"Un albero. In Spagna non cresce che su questa costa e alle Canarie, ovviamente, ma qui c'è un microclima subtropicale. Vuoi vedere il mio vivaio?"

E quasi senza transizione, forse per sfuggire a un'appiccicosa conversazione sul paesaggio, Carvalho accetta di seguire Cromford nel vivaio e di accontentarlo nel suo deambulare esplicativo tra varietà tropicali che talvolta definiscono il finto spazio di una finta foresta.

"Le palme si riproducono solo se le accoppi. Maschio e femmina devono stare insieme."

Carvalho ascoltava con l'attenzione divisa tra le piante e una segreta meditazione sul botanico improvvisato. Cromford era stato una spia inglese fortunata ed era riuscito a negoziare un pensionamento prematuro a quarantacinque anni dopo un affare per niente chiaro in cui aveva agito come agente triplo per colpa del suo superiore, agente quadruplo. Era un pensionato fintamente passivo che agiva come informatore degli arabi che investivano nella Costa del Sol, come pivot della riconquista di Al Andalus a base di petrodollari. Che ruolo giocava a quel tavolo pieno di carte truccate? Il *Fucsia*. David Sumbulovich. Henri Grazier. Lasplazas. Il *Fucsia* non era una barca "segnata" da traffici clandestini di nessun genere, e neanche David Sumbulovich era "segnato". Nessuno aveva notizie di Grazier. Né di Shahrazad. Scelse il momento in cui Cromford dissertava sulla bontà annaffiatrice delle acque della diga di Istán per mettere un bastone tra le ruote al suo discorso da giardiniere.

"Non me ne andrò prima di aver trovato Shahrazad. Tu mi conosci."

Ottenne che Cromford la finì di parlare di coltivazioni e il suo silenzio migliorò il rumore di un discorso eccessivo per una guida nei vivai.

"Lasplazas. È il tuo uomo."

"È il tuo cattivo preferito."

"Una brutta bestia. Un ruffiano ambidestro."

Lo disse con sforzo ma con la soddisfazione dovuta alla corretta pronuncia di sillabe straniere e difficili. Con la bocca ormai libera da ostacoli, Cromford sembrava un uomo felice, ma i suoi occhi lo stavano congedando.

"Non ti disturbo oltre."

"È un piacere."

Si affacciò ancora al finestrino dell'automobile per dirgli:

"Se fossi in te starei dietro alle ragazze di Lasplazas. Cerca Contreras al bar Siroco di Puerto Banús, e digli che ti mando io. Lui ti darà gli indirizzi".

"Lasplazas mi ha fissato un appuntamento."

"Gli appuntamenti di Lasplazas non valgono la pena e quasi sempre vanno a finire male."

Contreras tardò ad accettare la proposta di conversazione. Sembrava ossessionato dal flipper.

"Me ne mancano mille."

Fu la sua unica risposta. Finalmente lasciò la macchinetta con un gesto di stanchezza e rimproverò Carvalho della sua intromissione.

"Senza concentrazione, non si riesce."

Era un uccellino minuscolo pieno di ossicini ben assemblati in un corpo da ballerino. Ascoltò con attenzione mentre svuotava un oscillante bicchiere di sherry serale.

"Uno sherry serale."

Lo aveva chiesto al cameriere ed era uno sherry dolce che beveva facendo schioccare la lingua contro il palato. Poi scrisse qualcosa su un tovagliolino di carta che passò a Carvalho.

"È tutto quello che so. Non le tratti male. Sono brave ragazze. Si sono cacciate in qualche pasticcio?"

"Loro no. Lasplazas, lui sì che è nei pasticci fino al collo."

"È un tipo pericoloso. Di quelli che non scherzano. Non si fidi."

"A quanto pare questo Lasplazas non è molto ben voluto."

"È un pappa e a me i pappa fanno schifo."

"Come mai conosce Cromford?"

"Per via di mia moglie. I gerani li compra sempre da lui. Ha i gerani più belli della Costa del Sol. Ha notato che i gerani di questa parte di Andalusia hanno i colori più belli?"

"E Sumbulovich?"

"Un altro 'signorino', un prepotente."

"A lei non piacciono tanto questi 'signorini'."

"Perché ce ne sono tanti, sa? Di buono hanno solo le mance che danno, ma le danno a casaccio, quando decidono loro. E poi un bel giorno ti mollano un calcio e non ti guardano più in faccia."

Era capace di parlare delle macchie sulla luna o di qualche complicata regola sintattica e beveva bicchieri di sherry a una velocità tale che ci si poteva aspettare da un momento all'altro che i vermi si mettessero a banchettare su quel fegato marinato in agrodolce.

"Non beva tanto. Non fa bene."

Gli disse Carvalho a mo' di congedo.

"Quel che fa bene non è mai interessante."

In un'ora Carvalho riuscì a penetrare nei tre appartamenti in cui Lasplazas faceva lavorare le sue ragazze, tra Estepona e San Pedro de Alcántara. La bionda tinta di Estepona era ubriaca di liquore alla melissa e scoppiò a piangere appena capì che Carvalho non veniva con buone intenzioni e le domandava cosa facesse una ragazza come lei in un letto come quello. Suo padre era morto in un naufragio e lei aveva cominciato a lavorare come domestica in casa dei Briones de Montánchez, la cui figlia era promessa a Janito Lasplazas, figlio di un importante dottore di Algeciras. Gravidanza e aborto inclusi, la storia era un ammasso di luoghi comuni dove non mancava nemmeno l'altarino alla Vergine Addolorata. A San Pedro de Alcántara la ragazza con gli occhi truccati di verde sostenne per mezz'ora di essere una massaggiatrice specializzata nel massaggio sott'acqua, ma purtroppo non poteva comprarsi l'impianto perché i migliori sono tedeschi, a prezzi irraggiungibili. Finalmente venne fuori una storia analoga a quella della bionda, ma stavolta il padre, postino, era scappato a Barcellona con la moglie del castratore di Almonacid, abbandonando moglie e otto figli. A metà strada fra San Pedro e Marbella, in un'apparente capanna camuffata da eucalipti marittimi, Carvalho parlò con una donna sulla quarantina ma fresca e larga come una spiaggia che amava Juanito come una madre incestuosa e lavorava per lui con tutte le forze, del suo cuore e del suo inguine. A nessuna delle tre disse nulla della foto della magrolina contorsionista, ma insieme tutte contribuirono a completare il ritratto di Lasplazas intuito da Carvalho e delineato da Cromford.

Tornò a Nueva Andalucía e risalì le scale verso l'appartamento di Reme. La porta era chiusa. Bussò, e la voce della donna viola rispose con un: Arrivo, arrivo, atto a contenere presunte impazienze. Aprire e tentare di chiudere la porta fu questione di un attimo, ma Carvalho spinse con tutto il corpo e la donna venne scaraventata all'indietro con le braccia e le gambe aperte, debordando dal piccolo contenitore composto da un kimono pieno di ideogrammi cinesi di Hong Kong. Per tre volte un figlio di puttana sordo e singhiozzante uscì dalla gola della ragazza. Carvalho chiuse la porta, verificò la possibile presenza di Lasplazas. Mise la foto sotto il naso della giovane.

"O mi dici dov'è o tu e il tuo pappa finite in gattabuia a contare le ragnatele."

"Non sei abbastanza uomo per toccare un solo pelo del culo a Juanito."

"Non fare la sporcacciona. Chi ti ha insegnato a parlare come una troia? Adesso andiamo subito in commissariato."

Non voleva andare in commissariato e voleva parlare. Quell'imbrogliona della foto si era attaccata a Juanito come una piattola perché il suo uomo non era affatto un uomo. E chi se le cerca, le trova.

"E il tuo Juanito si è attaccato al francesino perché è tanto uomo da non distinguere tra il davanti e il didietro."

"Ma tu che ne sai di questo?"

"La ragazza. Dov'è la ragazza?"

Si stringe nelle spalle e gli volta la schiena racimolando tutta la dignità rimastale. Ma qualcuno dà un calcio alla porta e la stanza si riempie di uomini in divisa, di grida isteriche e di spintoni. A Carvalho cacciano quasi una pistola in bocca e la Reme si vede spingere nelle stanze interne per rivestirsi. Colui che comanda il drappello lascia sulla faccia di Carvalho uno sguardo di autorità e avvertimento. Sarà inutile domandare dove lo portino. Carvalho, ormai nell'auto della polizia, si prepara a una lunga nottata di guardie e ladri.

Tardarono un'ora a dargli tutti i pezzi del rompicapo. David Sumbulovich era stato rinvenuto morto in mezzo ai canneti della spiaggia di Guadalmina e alcune dita puntavano all'intruso che aveva discusso con lui alla festa dei Weisberg.

"Che cosa faceva nell'appartamento di Reme?"

"Che cosa si può fare nell'appartamento di Reme?"

"La ragazza sostiene che lei è un pazzo andato lì solo per fare un po' di conversazione."

"Ciascuno ha le sue perversioni."

"Che cosa sta facendo sulla Costa del Sol?"

"Turismo."

"Perché aveva discusso con Sumbulovich?"

"Non voleva farmi entrare alla festa. Ci tenevo a frequentare tutta quella gente. La si vede sulle riviste e..."

"Quale ingaggio l'ha portata qui?"

Se gli facevano questa domanda voleva dire che né Reme né le altre avevano parlato del caso Shahrazad, forse per coprire Lasplazas o se stesse. Per spiegare come aveva passato la giornata, parlò del viaggio a Ceuta, del prezzo del caviale iraniano, di quel che si può fare con la bottarga, della taramà, uno squisito piatto tipico del Mediterraneo orientale. La polizia in quel commissariato era molto cosmopolita o aveva molto tempo libero, per cui lo lasciava mentire o non dire tutta la verità senza fare una piega. Ma le ore passavano e intanto la realtà esterna fluiva e si ricostruiva senza che lui potesse intervenire. Finì addormentato su una sedia che gli rimase impressa nel corpo e nell'anima. Il giorno dopo lui stesso era diventato una sedia piena di spigoli e dolori ubbidiente agli ordini di conversazione o silenzio di una rinnovata squadra di inquisitori, in cui rimaneva come direttore d'orchestra l'uomo dalla faccia antipatica che l'aveva arrestato a casa di Reme. Si lasciò sfuggire il nome di Cromford come se si trattasse di un personaggio marginale apparso in quella storia da una quinta quasi non necessaria della scena.

"E al ritorno da Ceuta, sono andato a farmi una bicchierata con il mio amico Cromford e..."

Quello dalla faccia antipatica strinse gli occhi, ammucchiò il suo corpaccione sulla scrivania e lo protese in avanti verso Carvalho.

"Di chi sta parlando? Con chi si è fatto una bicchierata?"

"Con Cromford. John Cromford, un vecchio amico ritrovato per caso dai Weisberg."

"Lei è amico di Cromford?"

"E lui di me."

Il funzionario si alzò di scatto e uscì dall'ufficio. Gli altri due colleghi inquisitori si accesero una sigaretta in ordine alfabetico o secondo un qualsiasi altro ordine segreto conosciuto soltanto da loro. Il capo tornò con i piedi leggeri e la voce ammansita.

"Ma insomma, talvolta siamo proprio noi del mestiere a fare male il nostro mestiere! Perché non mi ha detto subito di aver passato l'intera serata dell'altroieri con Cromford?"

"Non è stata l'intera serata."

"Il tempo necessario perché lei resti al di fuori di ogni sospetto. Sumbulovich è stato assassinato più o meno allora e lei non poteva trovarsi contemporaneamente in due posti."

"Non si lasci guidare dalle apparenze, commissario. Così come i moventi ovvi sono poco affidabili, anche gli alibi ovvi inducono al sospetto."

Era lo sconcerto che in quel momento mise in moto i lineamenti del poliziotto in cerca di una faccia nuova per una situazione nuova.

"Insomma. Se ne vada. Rilasci una nuova dichiarazione e se ne vada."

Era l'ora di cena quando Carvalho uscì per ritrovare la bellezza del cielo andaluso stellato, quasi fatto apposta per stagliare le costruzioni cubiche e bianche sotto la luce autunnale. O andava a caccia di Shahrazad oppure dell'Hacienda, in cerca di uno dei menu più prestigiosi di Spagna. Crocchette di aragosta, rana pescatrice in salsa di porri, faraona al pepe verde, gelato al vino di Malaga, recitò Carvalho in modo schizofrenico, diviso tra il maître di se stesso che si portava dentro e il detective privato.

"La coscienza professionale ti rovinerà la vita."

Si disse Carvalho nauseato, maledicendo l'eredità genetica di responsabilità avuta in retaggio da un padre che si vantava di non aver mai praticato l'assenteismo sul lavoro se non durante i sei anni passati nelle carceri di Franco.

"E perfino lì ho lavorato all'economato."

Aggiungeva con caparbietà gallega. Ma fu lo stesso Cromford a togliergli ogni dubbio, Cromford che lo aspettava davanti al commissariato a bordo di una jeep dipinta con piante e fiori, la jeep più indicata per un giardiniere appassionato del proprio mestiere. Cromford spalancò la portiera della jeep e Carvalho montò sul sedile anteriore. Una volta dentro vide che non erano soli. I due disoccupati e Contreras sviarono lo sguardo per non essere costretti a salutare. La jeep partì guidata da un Cromford silenzioso.

"Ma guarda un po', i disoccupati. Credevo fossero servi di Lasplazas."

Lo ripeté ben due volte ma nessuno rispose.

La jeep prese la provinciale per Estepona e davanti all'ipermercato infilò una strada secondaria che si arrampicava verso la Sierra Blanca. Impossibile disporre di abbastanza tempo per aprire la portiera e saltare con qualche garanzia di non spaccarsi l'osso del collo finendo nella cunetta o di non rotolare giù dal terrapieno. Di nuovo si allontanarono dalla strada lungo un percorso sterrato e salirono la montagna fino a un bosco di pini, sotto la cui inutile ombra notturna si rifugiò il veicolo. Cromford gli fece segno con la testa di scendere e i quattro uomini restarono in piedi sotto gli alberi e la luna. Solo Cromford sembrava avere un piano e utilizzò il gesto per immobilizzare i suoi tre compagni, mentre invitava Carvalho a camminargli accanto lungo il sentiero. Si allontanarono abbastanza da non essere uditi, ma gli altri tre si avvicinarono abbastanza da ridurlo come un colabrodo se avesse deciso di mettersi a correre e la cosa non fosse stata di loro gradimento. Cromford gli mise una mano sulle spalle paternalmente, un gesto improprio per un inglese, nonostante il tempo trascorso sulla Costa del Sol. Quel braccio non solo lo proteggeva psicologicamente, ma per di più lo tratteneva.

"La cosa migliore che puoi fare è andartene. La morte di questo ragazzo complica la faccenda."

"Non posso tornare a casa a mani vuote. Ho una cliente che aspetta sua figlia."

"Non puoi tornare a casa a mani vuote."

Ripeté Cromford come se meditasse il senso profondo, non apparente, dell'affermazione.

"Immagina di non tornare a mani vuote. Saresti capace di andartene a mani piene, è ovvio, ma con la bocca chiusa?"

"Sono venuto a cercare una ragazza. Soltanto questo."

"Non posso darti quel che mi chiedi, non così, a un tratto: toh, ecco la ragazza. Dovrai guadagnartela. Posso dirti dov'è e chi ce l'ha. Il resto sono fatti tuoi."

"Chi ce l'ha?"

"Lasplazas e la sua banda."

"Non è la tua?"

"No. Fino a tre anni fa tutto era molto facile, ma a quel pappone qualcuno ha dato del denaro e del potere e ha cominciato con la tratta delle bianche, mettendo in pericolo faccende più serie già organizzate. Per colpa di questa sua miserabile attività sta per mandare a gambe all'aria quindici anni di lavoro, quindici anni in cui mi sono guadagnato prestigio in questa zona. L'omicidio di Sumbulovich è la goccia che fa traboccare il vaso, ma non è il momento di rispondere."

"Sumbulovich era dei tuoi?"
"No. Lasplazas l'ha ucciso per imbrogliare le carte. Il tuo arrivo ha sollevato molti sospetti qui e questo cadavere ci blocca per molte settimane."
"Non so di cosa ti preoccupi. Gli arabi sono dalla tua parte."
"Non tutti gli arabi sono uguali, e non tutti giocano allo stesso gioco. Prima che quel figlio di puttana si montasse la testa, io controllavo i confini tra il bene e il male in tutta la Costa del Sol. La polizia, il governo, i ras locali, i proprietari... tutti sapevano che venendo a patti con me avrebbero risolto i loro problemi."
"E adesso?"
"Diciamo che adesso la situazione è mutata e che, se fai altro casino per via della ragazza e saltano fuori altri morti, saranno in troppi a ficcare il naso nei nostri affari. Devi andare a Marbella, in alto, nel paese vecchio, e cercare una bettola da quattro soldi, El Periquito Mudo. Se ci vai stasera avrai in tuo favore il fattore sorpresa. Non lasciarti fermare alla porta e sali appena possibile al piano di sopra, costi quel che costi. Devi andarci armato. Sopra troverai Shahrazad e fa' attenzione a Lasplazas. Nessuno è in grado di fermarlo ed è uno che non scherza."
"Grazier?"
"Lui era l'amo per far abboccare la preda. Ha procurato a Lasplazas una mezza dozzina di eccellenti colombelle."
"Sumbulovich?"
"Era diventato scomodo e il suo cadavere è una provocazione."
"Tu?"
"Un buon amico al quale dovrai un favore."
"E se nel frattempo faccio fuori Lasplazas, tanto meglio per te. Non è così?"
Cromford chiuse gli occhi immaginando la nuova situazione.
"Questo avrebbe un prezzo. Un ottimo prezzo."
"Non lavoro mai per più di un cliente alla volta ed è da tanto che non uccido nessuno che non ricordo più nemmeno come si fa."

Lasciò la macchina parcheggiata sulla strada rifinita con ciottoli presuntamente artistici. Alle sue spalle, le rampe risalenti verso la collina di Marbella, un paese vecchio e piccolo allargato sul davanti e sui fianchi marittimi, che conservava nel quartiere antico la fedeltà alle sue radici di paese andaluso dove tutti si conoscevano da generazioni. Sulla porta si accendeva e spegneva l'insegna ora verde ora rossa del Periquito Mudo. Spostò con uno spintone il tentativo di domanda che usciva dal corpo di un ragazzone con la frangetta, attraversò la sala della discoteca in penombra e semivuota sotto i latrati di una muta fracassona di cani da preda e spinse la porticina in fondo aperta su scale foderate di moquette stampata. Si voltò per dare un calcio sulla patta al ragazzone che, energicamente, balbettava e faceva domande. Le scale lo portarono davanti a un'altra porta e più in là apparve un bordello di prima della guerra di Corea, con una lunga panca capitonné intorno a tutta la parete e un letto rotondo in mezzo alla stanza, sotto la spada pendente di una lampada liberty di opaline azzurro. Shahrazad era seduta sul letto con una corta camicia da notte trasparente e le gambe incrociate. Le sudavano le tempie e il musetto. Sbatté le palpebre quando Carvalho l'afferrò e la scosse, e rispose con grugniti lontani, come se le uscissero da profondità remote del corpo e desiderasse farli arrivare a lontananze altrettanto remote. Le esaminò le pupille e vide che le aveva dilatate. Trasudava droga da tutti i pori. Raggomitolata in un angolo per non farsi notare, una donna vecchia seguiva la scena senza nemmeno il coraggio per fuggire. Carvalho le consegnò Shahrazad.

"Vestila."

La vecchia tolse un vestito spiegazzato da un cassetto nascosto sotto la panca capitonné.

"Dammi tutto quello che hai della ragazza."

Una borsa con i documenti e un po' di soldi. Una valigetta. Carvalho condusse la ragazza fino alle scale. In basso facevano muro il ragazzone con la frangetta e Lasplazas. Carvalho prese una pistola che teneva nella tasca della giacca e tolse la sicura. Passando accanto a Lasplazas, la ragazza si fermò.

"Hai visto Henri? Ha le mie valigie."

Carvalho la spinse dolcemente per farla procedere e rimase davanti a Lasplazas un attimo in silenzio, come esitando sul prossimo gesto da fare. Infine disse:

"Attento. Ti stanno cercando per tagliarti la gola".

"Chi gliel'ha detto?"

Sorpreso, Lasplazas si guardava intorno, quel locale, quella situazione. Chi? Chi gliel'ha detto? Carvalho non gli rispose, distratto dal tentativo di Shahrazad di tornare indietro e domandare ostinata a Lasplazas:

"Hai visto Henri? Ha le mie valigie".

Carvalho la sospinse e camminò all'indietro controllando i movimenti dei due uomini. Lo sforzo di camminare era superiore alle forze della ragazza. Carvalho la portò quasi di peso fino alla macchina e aspettò di vederla vomitare con il corpo ginnicamente inarcato tra la facciata del palazzo e il bordo del marciapiede. Carvalho abbassò i vetri dei finestrini. Un vento fresco salino li accompagnò nella discesa. Carvalho parcheggiò sul Paseo del Mar. Appena uscì dall'auto, la ragazza vomitò di nuovo davanti a un mare più intuito che visto. Poi Carvalho la portò in un albergo di Torremolinos. La mise a letto legandole i polsi con un lenzuolo alla rete e le si sdraiò accanto programmando un prossimo viaggio a Marbella al solo scopo di verificare se fosse possibile fare le crocchette di aragosta senza provare rimorsi. Poi dormì a tratti, attento alle scosse nervose della ragazza e a ogni rumore in corridoio e finalmente si abbandonò a un sonno profondo, senza più badare a quanto potesse accadergli intorno. Si svegliò di soprassalto preso da un timore inconscio che fosse accaduto quel che non era accaduto. Dal timore passò alla sorpresa. Shahrazad si era liberata e componeva una strana figura sulle lenzuola. Nuda, con la testa appiattita sul letto come quella di un serpente, le gambe incrociate sul sedere e le mani a tenersi i piedi, reggeva la tensione interna di quell'architettura corporea.

"Sciogli il nodo, ragazza, che così in macchina non entri."

Ordinò al telefono un vestito per Shahrazad. Non voleva ripetere l'esperienza della sera prima, quando l'aveva fatta entrare in albergo con il vaporoso négligé addosso, senza che gli venisse in mente altra scusa che sostenere di averla salvata da un naufragio. Così, quando scesero alla reception, Carvalho indicò Shahrazad e disse all'incaricato:

"Vede? Si è tolta il sale e adesso sta benissimo".

Tutto era pronto per l'accoglienza di Madame Pepita. Shahrazad aveva dormito durante quasi tutto il viaggio e appena giunta nell'ufficio di Carvalho volle continuare a dormire e non disprezzò la branda di Biscuter. Fu così che, quando la chanteuse fece la sua entrée nella stanza con il gesto lirico e la voce straziata...

"...Dora, figlia mia!"

...le si bloccarono il gesto, la voce e il respiro vedendo Carvalho e Biscuter in un a tu per tu intorno a delle polpette di carne di maiale e code di gambero, come spiegò il detective davanti alle smorfie schifate che la dama riservò al piatto e alla situazione. Carvalho la invitò a partecipare alla prima colazione, ma Madame Pepita si scansò con strani problemi di linea difficili da giustificare. Attese impaziente mentre Biscuter andava a svegliarle la figlia e Carvalho le offriva un riassunto verbale del rapporto manoscritto che le consegnava in una busta.

"In breve, si è liberata per un soffio da una rete di tratta delle bianche."

"Mia figlia in Libano! Perduta per sempre!"

"Non le portano in Libano. Lì non hanno più né tempo, né voglia, né costruzioni per questo tipo di intrattenimento."

"Lei come sta?"

"Adesso potrà vederla."

Madame Pepita stacca l'assegno e lo dà a Carvalho con gioia da brava mamma, insolita in ogni essere umano che ha appena detto addio a duecentocinquantamila pesetas. La mano guantata che regge l'assegno si sente mancare, come la voce e lo sguardo, quando appare Biscuter trascinando Shahrazad, una ragazza piena di muscoli e simile a un'adolescente in un corto déshabillé che si succhia il pollice.

"Dora! Figlia mia!"

Si lancia verso di lei e dalla prospettiva della contorsionista fu come vedersi piombare addosso una montagna molle e soffocante da cui emanavano effluvi di essenze satinate. La ragazza fece due passi indietro e la distanza le permise di contenere l'assalto della madre e recuperare muscolatura cerebrale. Gli occhi di Shahrazad si sgranarono, a dismisura, come se a un tratto cogliessero quanto recuperava facendosi recuperare dalla madre, e con un abile movimento schivò quella balena sentimentale e andò verso la porta senza dar tempo a Carvalho di intervenire. Madame Pepita fu più rapida di Biscuter e Carvalho, e corse dietro la figlia inseguendola per le scale. Il detective trattenne Biscuter con un gesto.

"Lasciale andare. Abbiamo già incassato."

E poi davanti alla finestra presenziò all'uscita sulle Ramblas della contorsionista mezzo nuda che correva verso il porto seguita da quella madre coperta di lacrime, pellicce, grida, tenerezze definitivamente rimandate, a giudicare dalla distanza che man mano la contorsionista guadagnava, aprendosi un corridoio in mezzo a un'umanità distrutta ed emarginata, un'umanità che difficilmente si stupiva ma che quella mattina era assolutamente stupita.

Ne ho fatto un uomo

Signore e signori in ghingheri, gente del vicinato, oltre duecento invitati, i peggio vestiti con gli abiti della domenica, e a metà strada per il matrimonio del principe Carlo con Lady Di i più ricercati. Il padrino-padre dello sposo porta addirittura il cilindro e, quando la felice coppia di sposi appare sul portone della chiesa, la pioggia di riso sembra fatta del riso più costoso.

"Evviva gli sposi!"

"Bacio! Bacio!"

Sorrisi postnuziali da film, la sposa becchetta con le labbra ogni faccia che le si avvicina, è una bionda tinta ben proporzionata e con un certo fascino infantile nello sguardo. Lui è un ragazzone forte ma con gli occhiali che molla strette di mano come se quella fosse l'unica occasione nella vita in cui è protagonista assoluto di un fatto brillante. Accanto a lui, il padre, un uomo alto, largo e forte che sorveglia gli andirivieni del figlio con la soddisfazione di aver compiuto il proprio dovere. Accanto a lui una madre insignificante cui nessuno attribuisce un significato. È il padre a rompere la combinazione di routine e convenevoli e batte deciso le mani in aria.

"I fotografi non aspettano e il pranzo neppure!"

Corse alle macchine. Grida festose dei più convenzionali.

"E neppure il letto!"

C'è chi riserva la propria capacità di protagonismo in questa vita e nell'altra per simili celebrazioni e si gioca a testa o croce una solida mediocrità con una frase brillante.

"Stanotte sarete uno dentro l'altra."

Sbava con gli occhi lucidi un giovincello accaldato e rosso in viso che è insufficientemente ascoltato.

"Ho detto che stanotte sarete uno dentro l'altra."

E per farsi sentire ha avvicinato il muso sudato al viso della sposa e resta affacciato alla scollatura dorata finché viene spinto via dal suocero anfitrione.

"Via da qui, bavoso. Ti piacerebbe, eh, essere al posto di mio figlio."

"E lei cosa darebbe per essere al posto di suo figlio, don Joaquín?"

La domanda è uscita dal coro degli invitati, abbastanza gioviale e maliziosa da far ridere la sposa e farle aprire le braccia a don Joaquín, vittima di un attacco inatteso alle spalle.

"Certe cose non si domandano."

E non si domanderanno neanche quando dopo le foto gli sposi riprendono contatto con gli invitati nel corso di un banchetto sudaticcio dove il rumore ferve in una cordialità alcolica. L'orchestrina di musicisti calvi aspetta il momento giusto. Valzer. Lo iniziano a ballare gli sposi vicino alla torta. Ma non sembrano i protagonisti. È il padre-padrone ad attirare tutti gli sguardi, sigaro in bocca, incitando a bere qua e là, battendo sulla schiena del fragile consuocero. Quando gli sposi finiscono il ballo è lui che reclama di danzare con la sposa. Il simpaticone che mette i dischi infila un rock e il vecchio non si tira indietro, lo trasforma in una sfida e a distanza rende sensuale il ballo mediante i suoi sguardi alla sposa e gli sguardi che gli rimanda lei. Si è formato un capannello intorno a loro e a un certo punto l'uomo torna alla normalità, sospira affaticato e dà una manata sul culo della ragazza.

"Via, va' a ballare con tuo marito che io non ce la faccio più."

Applausi per l'esibizione di vitalità. L'uomo è raggiante e si riversa sul figlio, lo palpa, lo mostra a chi gli sta intorno.

"Un uomo. Ne ho fatto un uomo. Con queste mani."

Ostenta mani poderose, da lavoratore manuale. Il figlio inarca le sopracciglia rassegnato all'inevitabile sfogo sentimentale del padre.

"Mi ero detto, in campagna mi guadagnerò da mangiare ma non andrò avanti. E pertanto, in città! Con una mano davanti e l'altra dietro, e lei mi ha seguito."

Accarezza la moglie come se fosse un cagnolino e lei si lascia accarezzare come un cagnolino.

"A fare gli edili, che è quello che finivamo col fare tutti. Ma c'era chi restava per tutta la vita un manovale e chi come me, con gli occhi ben aperti e molta ostinazione, saliva in alto. E poi è arrivato questo qui e mi sono detto: avrà sempre le mani pulite, sarà un lavoratore che non si sporca le mani. Ed eccolo qui. Alla sua età è già procuratore in banca."

"In una piccola succursale, papà."

"In una banca. O è una succursale dei grandi magazzini? In una banca."

Ormai ballano tutti. Il padre insiste a far bere tutti. In mezzo alla ressa si imbatte nella nuora. Le pizzica una guancia. Le accarezza le spalle. Il suo sguardo annebbiato da uomo un po' brillo avvolge la ragazza di un'invisibile melassa di desiderio.

"Ho detto a Joaquín di non farti uscire dalla camera da letto per un'intera settimana."

"Che cosa farò in camera da letto tutta sola?"

"Tutta sola? Assolutamente no. Con lui. Se lui non è all'altezza del compito che gli ho affidato, chiama me, che lo sarò senz'altro."

La ragazza ride.

"Quest'uomo dice delle cose..."

Si avvicina allo sposo, sorridente ma preoccupato per l'incontro fra il padre e la moglie.

"Cosa aspetti? Portatela via e lasciaci qui a mangiare e ballare."

Lo sposo prende la sposa per mano ed escono dalla sala goffi come animali storditi, ma qualcuno li vede e dappertutto si sente gridare.

"Vanno via! Scappano via! Morti di fame! Lasciate qualcosa anche per noi!"

Gli applausi coprono le grida sempre più oscene. Finalmente i ragazzi scompaiono. Il padre ha le lacrime agli occhi, si lascia abbracciare dalla moglie.

"Adesso, ad aspettare i nipoti e a riposare."

Si fa sera e davanti al muso della macchina appaiono i dintorni di una piccola città. L'insegna stradale annuncia: Calatayud.

"Calatayud."

Gli sposini si guardano e scoppiano a ridere. Lui comincia a cantare il motivo in questione e lei lo accompagna con grandi gesti:

Se vai a Calatayud
chiedi della Dolores
una canzone l'uccise
di vergogna e dissapore.

Tatatà, tatin, tatatà, tatin, tatatà, tatin tatin tatin. C'è un'allegria surriscaldata all'interno della vettura. Il giovane affaccia la testa davanti a un gruppo di gente che passeggia in paese e grida:

"Sentite, e la Dolores?".

A quelli del gruppo la domanda non è piaciuta per niente e uno di loro si stacca e grida verso la macchina che si allontana:

"Figlio di puttana!".

Nella macchina, risate, mentre si continua a canticchiare il motivo.

"Hai visto come se l'è presa?"

"Povera gente. Immagina quanti, in vena di scherzi, passando da queste parti fanno la stessa domanda. Oh, guarda, Joaquín, guarda come è bello."

La fantasmagorica geologia che precede l'arrivo all'oasi del Monastero di Pietra sottolinea le luci declinanti del tramonto.

"Sembra incredibile che in mezzo a questa terra così arida ci sia qualcosa come il Monastero di Pietra. I miei genitori ci erano venuti in viaggio di nozze."

È stata lei a parlare e lui risponde con sarcasmo.

"I miei hanno passato la notte di nozze in treno, in una carrozza di terza classe. Non fanno che vantarsene."

"Non giudicarli male. Tuo padre è fiero di quel che ha ottenuto."

"Quattro soldi."

"Se tu chiami quattro soldi..."

"Non dimenticare che faccio il bancario e come bancario ti dico che mio padre ha quattro miserabili soldi che ancora puzzano di sudore. I soldi veri non puzzano mai di sudore."

"Forse, ma io ammiro tuo padre."

“E chi non lo ammira?”
L’uomo rumina i suoi pensieri mentre si dirige verso un orizzonte di agonia geologica.
“Ho grandi progetti. Un giorno metterò davanti a mio padre più soldi di quanti lui non potrà mai guadagnarne in cento vite.”
“Perché davanti a tuo padre? A lui glieli fai vedere da lontano e li dai a me... Mi coprirai di brillanti e pellicce?”
“Ti coprirò di brillanti e pellicce.”
“E di cos’altro mi coprirai?”
Una mano di lei si è ficcata tra la camicia e la pelle come cercando un nascondiglio per un freddo o un calore improvviso e l’uomo chiude gli occhi assaporando la promessa di una felicità imminente.
“Se vuoi, rallento e ci rifugiamo nel primo bosco.”
“Un bosco, qui? Ma sembra il deserto del Sahara.”
“Eppure il bosco è vicino. Vedrai che meraviglia.”
Le poche macchine che li incrociano hanno sul muso il timore della sera che si avvicina. I fari accesi lottano contro i confini della luce solare in decadenza.
“Ho la sensazione di essere libera. Di essere libera per la prima volta.”
Dice lei.
“Di non avere che te e me.”
E la donna deposita un bacio sull’orecchio dell’uomo che continua a guidare.
“Guarda.”
C’è ancora un po’ di luce per verificare il miracolo geografico. In una piega delle colline color malva è apparsa la vegetazione in tutto il suo splendore da oasi.
“Ero stato qui da bambino, un fine settimana con i miei genitori, e non ho mai dimenticato questa sorpresa. Vale la pena di venirci per restare a bocca aperta.”
“Se vedi una fontana, fermati.”
“Hai sete?”
“No. Le fontane mi piacciono.”
“Ricordo che l’auto ebbe un’avaria, dopo, quando stavamo già lasciando il Monastero di Pietra e scendevamo verso Alhama d’Aragona per andare a trovare dei cugini. Mio padre è di queste parti, di un paesino dei dintorni... Il guasto era serio e dovemmo fermarci per tre giorni. Mio padre all’inizio la prese proprio male. Non poteva ancora per-

mettersi di mancare così a lungo dal cantiere. Ma fummo costretti a restare e innanzi tutto a riempirci lo stomaco. Stavamo morendo di fame e finimmo in una trattoria di Alhama. Non dimenticherò mai il menu."

"Meraviglioso, no?"

"Uova fritte con salame piccante."

"Accidenti."

"Cos'hai contro le uova fritte con il salame piccante?"

"Il salame piccante mi torna su."

"Se l'avessi saputo non ti avrei sposata."

Il bosco protegge l'avanzare dell'auto e cala la notte. La luce dei fari lambisce le cose come se cercasse di indovinarle.

"Non avresti dovuto parlarmi delle uova con il salame piccante."

"Ti tornano su?"

"No. Ma mi è venuta una fame..."

L'albergo comunica una sensazione di meta raggiunta e insieme di stanchezza. Si fanno portare le valigie in camera e vanno direttamente in sala da pranzo. Mi vergogno, Joaquín, mi vergogno tanto. Perché, sciocchina? Guardali in faccia, pensano tutti che siamo degli sposini e lo sai quel che pensano tutti degli sposini. E che cosa te ne importa? Vuoi che facciamo l'amore sulla tovaglia? Non fare il matto, ti conosco fin troppo bene. Fu tanto matto da indirizzare il piede scalzo sotto le gonne protettrici della bianca tovaglia, per vincere la resistenza delle ginocchia unite di lei e raggiungere la promessa di una porta morbida e calda. Salgono precipitosamente in camera senza aspettare il dessert. Un bacio lungo, profondo, le mani cercano le pieghe del corpo.

"Aspetta," dice lei.

Quando la bocca di lui le libera la sua, va verso la finestra e la apre allo splendore di una sera sulla cascata e sull'esuberanza vegetale del parco.

"Come è bello."

Lui la abbraccia da dietro e con una mano le cerca un seno sotto la camicetta.

"Può essere ancora più bello."

Lei gli sfugge e va in bagno. Lui si spoglia e si mette a letto. Spegne la luce. Poco dopo si apre la porta del bagno e si staglia il corpo nudo della donna in controluce. Chiude la porta dietro di sé e si avvicina al letto.

"Tutto qui quel che hai continuato a nascondermi per ben due anni?"
"Non ti piace?"
"Pfui."
"Maleducato."
Le mani di lui si alzano verso i seni della donna nuda che gli scende addosso. C'è un contatto totale di pelli e una scarica di mutui movimenti nelle colonne dorsali abbandonate. Le punte delle lingue beccano i corpi come per cercare un idioma definitivo e non si sa, ancora una volta, se la leggerezza dell'ansimare nasca dal desiderio o lo susciti. Ma non hanno tempo né di intuirlo né di chiederselo. Qualcuno bussa alla porta e non sembra accettare la risposta di silenzio. Bussa di nuovo. Tre volte. E un Joaquín indignato si stacca dal corpo propizio, copre la propria nudità con un asciugamano e apre la porta con un gesto totale. Quel che era indignazione si trasforma in sorpresa.
"Tu?"

L'uomo ha le reni a pezzi e ogni volta che si china per raccogliere i mucchi di foglie gli sfugge un lamento. Si alza. Si inarca all'indietro e contempla il parco con ostilità.
"Non dovrebbe essere mai autunno."
Scende lungo un sentiero fino all'orlo dell'acqua. Ogni volta che si deve chinare per prendere una lattina di birra o una bottiglia vuota, impreca.
"Non mi piace l'autunno, sergente."
Racconterà ore dopo l'uomo stanco al sergente della guardia civil di Alhama.
"Me l'ha già detto tre volte."
"Non mi piace perché si riempie tutto di foglie."
"Questo non lo scrivo. Non mi parli più delle foglie. Le aveva già raccolte tutte e poi che cosa è successo."
"Fossero solo le foglie. Le bottiglie. Le lattine. I sacchetti di plastica. Ogni volta che vedo lo spettacolo della sporcizia umana mi sento ribollire il sangue."
Il sergente alza le spalle rassegnato davanti alla tendenza alla meditazione moralizzante manifestata dal testimone.
"Si faccia raffreddare il sangue e prosegua. Non vorrà passare l'intera nottata a fare una deposizione."

"Non mi era mai accaduto nulla di simile, sergente. Uno si aspetta di trovare qualsiasi cosa, qualsiasi tranne quella. Sta di fatto che ho visto subito quei due fagotti, ma solo dopo ho capito cos'erano. Poi ho pensato che sì, lo sapevo già fin dal primo momento, ma mi ero rifiutato di credere a quel che vedevano i miei occhi."

"Per quanto tempo si è rifiutato di credere a quel che vedevano i suoi occhi?"

"Non saprei, sergente. Possono essere stati tre secondi come un'ora."

"Andiamo proprio bene."

"Ricordo che stavo bestemmiando, come tutti i giorni, e che ho fatto in tempo a urlare al mio compagno di squadra delle pulizie e di arrotolarmi una sigaretta di trinciato. Ho gridato a Fermín: Da queste parti sono passati i vandali! E lui mi ha risposto: Se tu vedessi come hanno conciato tutto quassù! Mi ha proprio detto così, esattamente. Se tu vedessi come hanno conciato tutto quassù."

Il sergente ha riportato meccanicamente il dialogo tra i due spazzini fino a rendersi conto dell'inutilità. Sospira impaziente.

"Ma insomma. Sia meno prolisso e venga al sodo. Cosa importa a me e cosa importa al signor giudice se lei ci racconta cosa ha detto quel giorno o quanto ha mangiato per colazione?"

"Pane e formaggio, e una cipolla cruda."

"Pane e formaggio, e una cipolla cruda."

"Esattamente, sergente."

"Bene. Ecco che lei ha già fatto colazione. Si è già arrotolato una sigaretta di trinciato. Ha già cagato, mi scusi, cento volte sui mortacci di quei porci malnati che le sporcano il bosco..."

"Esattamente, sergente. Esattamente. Stavo per l'appunto dicendo: I mortacci di quei porci malnati... quando ho visto tutto."

"Bene, allora iniziamo da qui. Lei dice: i mortacci di quei porci malnati, e che altro?"

"I mortacci di quei porci malnati. Ma cosa gli costerebbe mettere gli avanzi nei cestini? Certo, poi ci siamo noi a pulire."

L'uomo guarda distrattamente quanto lo circonda nel timore che il suo sguardo si imbatta in altra immondizia e a un tratto si concentra sulle acque quiete dietro la cascata. Gli occhi si sgranano come se non gli ci stessero più nel viso.

"Gesù."

Si avvicina al bordo dell'acqua e guarda i due corpi galleggianti, quasi bloccati dalle rocce. Un uomo e una donna.

"Dio mio!"

Si è irrigidito. Non sa se andare verso i due corpi o tornare di corsa verso l'albergo. Sceglie quest'ultima alternativa e sulle labbra gli si spezza il grido di aiuto.

"Sergente, ha scritto che ho detto Gesù?"

"Non credo. Perché?"

"Perché non ho detto Gesù. A onor del vero."

"E che cosa ha detto? Se si può sapere."

"Ho detto: dioboia e poi, più calmo: ostia, ostia, ostia e puttana Eva."

"È tutto quello che ho."

La donna ha aperto il pacchettino delle foto e le distribuisce sulla scrivania di Carvalho come se fosse un doloroso mazzo di carte.

"Ci sono perfino le foto del giorno del matrimonio."

E le si spezza la voce. Alle sue spalle il marito aumenta il volume di una tosse leggera per schiarirsi la voce, l'omaccione rimasto finora in silenzio adesso è un po' ostile allo svelamento cui sta presenziando, come se gli dispiacesse che la moglie confessi a Carvalho il segreto profondo e unico di tre vite. Ma la donna ha speso tutto il suo coraggio per arrivare fino alla scrivania del detective e crolla tra i singhiozzi senza poter rispondere alle domande che Carvalho le rivolge con una delicatezza da sentite condoglianze. Visto che è incapace di rispondere, il detective alza gli occhi verso il marito.

"L'avevo già detto che non dovevamo venire. Che era una sciocchezza. Ma lei è ostinata."

"Queste foto del matrimonio. Molta gente."

"È stato un matrimonio in grande stile. L'unico matrimonio. Joaquín è figlio unico e noi ce l'abbiamo messa tutta. Trecento invitati. Mi sono spiegato?"

"Neanche lei è soddisfatto del verdetto della polizia?"

"A me ormai non c'è nulla che possa farmi contento. Ma mi sembra inutile cercare il pelo nell'uovo. Un giorno o l'altro verrà trovato l'assassino e allora non risponderò di me. Ma mia moglie ha insistito per venire qui."

La donna aveva ormai forze soltanto per ripetere a voce bassa il nome del figlio.

"Mi serve che lei mi racconti qualcosa di questo ragazzo. Dove lavorava. Possibili nemici. Era al corrente di come vivesse suo figlio?"

"Come vuole che non lo fossi se ne ho fatto un uomo? Si chiamava Joaquín, come me. Ma eravamo molto diversi. Lui era un figlio di papà. Fui io a volere che fosse un figlio di papà. Non gli è mai mancato niente. Il professore gli chiedeva un righello, e io gli compravo il migliore. Un atlante, ebbene, il migliore. Sono stato per tutta la vita un lavoratore che ha dovuto sporcarsi le mani per tirare avanti la baracca, anche se oggi non mi posso lamentare perché ho la mia attività, faccio l'appaltatore e vede, al giorno d'oggi, non so cosa significhi la parola crisi. La crisi c'è, è evidente. Ma io lavoro sempre. Mi difendo. Ma lo so io a costo di quanti sacrifici e so anche quanti rospi devo ingoiare giorno dopo giorno. E quindi mi ero detto: Tu no, tu no, figlio mio. Tu imparerai a tenere la contabilità e vivrai sempre in giacca e cravatta. Glielo inculcai fin da piccolo. Una banca. Osserva come vivono bene quelli che lavorano in banca, e se sei furbo puoi arrivare in alto. Il direttore della banca con cui faccio il grosso degli affari aveva cominciato come fattorino e guarda un po' dove è arrivato. E così un giorno, e un altro ancora. A fargli il lavaggio del cervello. Tu sei furbo, Joaquín, e visto che lo sei devi arrivare in alto. Di sciocchi ce ne sono parecchi. Di furbi, ben meno, e i furbi con la volontà di arrivare in alto, be', si contano sulla punta delle dita di una mano sola. Questo l'ho visto nel mio campo, non può andare diversamente nel tuo, figlio mio."

L'uomo china la testa. Carvalho non vuole capacitarsi del suo dolore e continua a passarsi le fotografie da una mano all'altra.

"La spiegazione della polizia è coerente. Un vagabondo, o diversi vagabondi. Guardano le logiche effusioni amorose di una coppia di sposini e si fanno avanti, forse non con l'intenzione di uccidere, ma di spassarsela un po', di abusare della ragazza. Poi la difesa. L'aggressione. Cose di tutti i giorni."

"Il mio ragazzo non era un violento. Glielo dicevo sempre: se qualcuno ti picchia, pensaci prima di rispondere, perché può darsi che l'altro picchi ancora più forte. Inoltre, che cosa faceva nel parco a notte fonda?"
"Chissà. Forse erano usciti a fare un giro."
"La prima notte di nozze?"
"I giovani sono imprevedibili."
"Non il mio Joaquín. Era un uomo tutto d'un pezzo. Tranquillo. Non faceva sciocchezze. L'ho educato fin da piccolo a essere un uomo come si deve."
"Insomma. Lei non crede alla spiegazione della polizia."
"No. Ma un giorno o l'altro si saprà tutto."
"Qual è la sua spiegazione?"
"Una vendetta. Io sono un uomo molto invidiato. Il mondo dell'edilizia è una giungla e come in una giungla bisogna farsi avanti a colpi di machete."
"Per vendicarsi di lei uccidono il suo ragazzo."
"Proprio così."
"Piuttosto rustico."
"Non creda. Le cose più tremende le ho viste in città, non al paese."
"E da parte della sposa? La famiglia?"
"Gente senza carattere. Poveri in canna. Mi pare che tengano una bancarella di frutta al mercato del Ninot. Peccato per quella ragazza. Le foto non le fanno giustizia. Ma dal vero era un'autentica bellezza."
"Appoggia la richiesta di sua moglie? Accetto di svolgere l'indagine? Non vorrei farle buttar via dei soldi."
"Non li ho mai buttati via. Ma a cosa mi servono quelli che ho se Joaquín non c'è più? Non si tratta di questo, è che mi secca smuovere ancora tutta quella merda. Inoltre, per quanto facciamo, non potremo mai riportare in vita mio figlio."
"Voglio che svolga un'indagine. Se non paghi tu, lo farò io."
È stata lei ad alzare l'insignificante seppur decisa voce al di sopra del corpaccione del marito, che non si volta nemmeno a guardarla. Si china verso Carvalho, come abbattuto dall'irruenza della voce della donna e annuisce.
"Va bene, cara. Come vuoi tu."

Se Joaquín Tauste si era fatto da solo e aveva plasmato il figlio con un po' della sua stessa argilla, altrettanto poteva dirsi della sua casa, costruita in un comune nei pressi di Barcellona. Uno chalet ricoperto di lavagna in attesa di possibili nevicate alpine e, sotto le alte sopracciglia della lavagna, un intero campionario dei materiali più nobili e costosi messi a disposizione di un costruttore in diritto ad avere un po' di sconto. E se dall'esterno la casa sembrava un catalogo di materiali per costruttori ricchi, all'interno sembrava arredata dallo scenografo dei sontuosi incubi di Hollywood. I coniugi Tauste praticavano una politica di porte aperte e Carvalho girò per tutto il piano impossessandosi di ogni particolare di quell'ingenua magnificenza. La donna scomparve appena vide Carvalho padrone della situazione e l'uomo lo seguì ovunque, come un'ombra offerta più che come un guardiano delle sue proprietà in pericolo.

"C'è stato qualche incidente nella vita di suo figlio? Qualsiasi cosa lei riesca a ricordare può essere utile. Una lite. Un odio, pure se di vecchia data. Anche dai tempi dell'infanzia."

"Nulla di serio."

"Perfino il meno serio che le riesca di ricordare."

"No. Non mi viene in mente. La vita di mio figlio è sempre stata trasparente."

Trasparente e di prima qualità.

"La camera di suo figlio?"

"Di sopra."

Una scala dalla quale potrebbe scendere Olivia de Havilland con i lunghi abiti a campana allargati dalle crinoline e una mano intenta a trattenere dolcemente il possibile volo della pamela inamidata. E sopra, un ampio pianerottolo che porta alle camere da letto. Quello della vittima è uno spazio di transizione fra l'adolescenza e la maturità: un poster del Rally di Montecarlo e un nudo sufficiente di Bo Derek, coppe d'argento in una vetrina da museo egizio accanto a un calcio-balilla da antico locale per giochi analoghi.

"Queste coppe? Era uno sportivo?"

"Medio. Le coppe gliele ho comprate io quando era ancora bambino. Quando mi dava una grande soddisfazione, nello studio o in quel che fosse, gli compravo una coppa."

"E ci faceva incidere qualcosa sopra?"

"Alle volte, sì. Venga. Legga: 'A Joaquín Tauste in omaggio per aver superato l'esame di quarta. Avanti!'."

"Avanti?"
"Sì, un dettaglio per stimolarlo. L'incisore era un mio buon amico. Guardi, questa gliel'ho regalata in occasione della licenza superiore."
Naturalmente, era la coppa più grossa. Carvalho si decise a cercare oggetti realmente personali del morto, nel timore che perfino l'aria che respirava vi fosse stata introdotta da quel padre assoluto. La madre di Joaquín riappare sullo sfondo, seduta davanti al tavolo della sala da pranzo, assente o senza volontà di intervenire a quanto le succede intorno. Carvalho le lancia un'occhiata attraverso due porte aperte, mentre lui prosegue l'esame della stanza del morto. Un poster di Ángel Nieto alla parete. Un'insegna di divieto di parcheggio. Una collezione di elefanti su uno scaffale. Tre libri: *La terza ondata*, *Emmanuelle*, *I mari del Sud*. Nelle scatole di cartone, stecche di sigarette americane senza filtro, forbicine per le unghie con etichette di sigari, cartoline scritte che Carvalho guarda senza troppa voglia. Abito dopo abito. Uno smoking. Un portafoglio. Un contenitore per carte di credito e tra queste alcune personalizzate per l'ingresso a certi club. Regine, Up and Down, Rivelino's... Carvalho scuote la testa sorpreso.
"Accidenti, questo Joaquinito."
E tra tutte le carte ne sceglie una: Club Lion, e se la infila nella tasca della giacca. A un'altra parete, una mappa, Planisphère Décoratif, e molte bandierine piazzate nei luoghi più inattesi della Terra, per esempio Baku in Unione Sovietica o Mozatlán in Messico. Carvalho rimane assorto a contemplare la mappa. Guarda attraverso le porte aperte e la vecchia è sempre lì, inebetita, senza cambiare posizione. Le va incontro. La sua presenza non la smuove di un centimetro.
"Questa mappa è piena di bandierine. Ne conosce la ragione?"
"Fin da piccolo si divertiva a segnare i posti che lo attiravano. A volte, mentre studiava qualcosa, una cosa qualsiasi, correva improvvisamente verso la mappa e ci infilzava una bandierina."
Era stato l'uomo a parlare. In piedi nella penombra, appoggiato al muro o a spalleggiare il dolore della donna.

Ogni generazione ha un'idea diversa di che cosa sia la solvibilità e pertanto una propria estetica della solvibilità. Le banche della generazione precedente avevano cercato di rendere sacro il denaro mediante l'aiuto di architetti neoclassici e scultori della stessa tendenza che avevano plasmato nelle carni grigie della pietra la muscolatura del lavoro che nutre di denaro le casse bancarie. La massificazione del risparmio aveva favorito il proliferare di piccole banche funzionali di quartiere, possibilmente a un comodo angolo di strada per consentire un parcheggio fugace e una rapida operazione consistente inevitabilmente nel versare o ritirare i soldi. Ma nonostante questa funzionalità, c'era sempre qualche dettaglio di lusso che avvertiva il cliente di non essere in un territorio insignificante, ma nel tempio della sua stessa sicurezza economica. In questa succursale di una piccola città appena fuori Barcellona, il simbolo della prosperità primitiva è una caravella di bronzo su onde anch'esse di bronzo, senza che Carvalho si proponga di indovinare il senso stretto del messaggio: i vostri soldi navigano verso un porto sicuro, oppure questa è una banca di piraterie legittimate, oppure si tratta di una parafrasi visiva del vivere non è necessario, investire sì. Suonerie di sicurezza, una guardia giurata con l'obbligo rituale di scoprire lineamenti da rapinatore nel più insospettato presunto cliente e impiegati vittime del logico pessimismo da vittime di due rapine regolari l'anno, probabilmente commesse da rapinatori abbonati a una conoscenza ripetuta della stessa succursale bancaria.

"Il direttore."

"Di che si tratta? Sono il responsabile."

"Voglio parlare con il direttore."

E lasciò intravedere la tessera di investigatore privato. Il direttore della succursale bancaria uscì per riceverlo e la prima cosa che disse fu:

"Suppongo che non avrà annunciato ai quattro venti che è un investigatore privato".

"No."

"Meno male. Si immagini. La polizia è entrata e uscita da qui per una settimana e ora un investigatore privato. Proprio ora. In tempi così difficili. Queste sono voci che circolano subito e fatichiamo già abbastanza per tenere in piedi la nostra succursale in questo quartiere."

Dimostrava sessant'anni ma ne doveva avere quaranta, o al contrario: ne aveva quaranta ma ne dimostrava sessanta.

“Nessuno può rifiutare nulla a don Joaquín, ancor meno trattandosi del suo povero figlio.”

“Don Joaquín è cliente di questa succursale?”

“Infatti. Uno dei primi e uno dei più solidi. Non che... insomma. Posso soltanto dirle che è uno di quei clienti che non procurano mai dispiaceri.”

“Il figlio era entrato qui per via del padre.”

“Sì.”

“Competente?”

“Non poteva farne a meno.”

Rideva mentre planava con le dita sulla propria scrivania cercando qualcosa che non sapeva bene cos'era né dove si trovava.

“Vediamo un po'. Ho messo le sigarette...”

“Non fumo sul lavoro.”

“Io non fumo mai. Le sigarette le tengo per i clienti. Ma non le trovo mai.”

“Perché non poteva fare a meno di essere competente?”

“Il padre gli stava addosso. Non in modo dispotico. Affettuoso, piuttosto. Un po' umiliante, ecco. Dieci anni fa, quando il ragazzo venne qui, fin dal primo giorno si presentò da noi il padre, un attimo dopo l'apertura della succursale, e vi depositò una grossissima somma di denaro per festeggiare la cosa. Capisce? Il ragazzo aveva tutt'altra sensibilità. Aveva studiato Scienze economiche. Frequentato altri ambienti. Ma qui, finché non ottenne la carica di procuratore, è sempre rimasto il figlio di don Joaquín.”

“Nessuna anomalia.”

“Nessuna.”

Ma gli occhi del direttore avevano sbattuto le ciglia troppo rapidamente.

“Intuisco che qualcosa non andava. Perfino la luna ha delle macchie.”

“Ebbene. Roba da poco. Di tanto in tanto aveva reazioni violente. Addirittura aggressive. Anni fa abbiamo dovuto separarlo da un collega che stava massacrando di botte.”

“Era così forte?”

“Fortissimo. Un karateka di prim'ordine.”

“Karateka?”

“Di prim'ordine.”

La guardia giurata mette una mano di piombo sulla spalla di Carvalho.

"Sono in arresto?"
"Divertentissimo. No. Non ancora. Ma badi a quella donna lì fuori che cerca di guardare dentro. È insieme a lei?"
"No."
La donna può essere sulla quarantina. Bellezza appassita, con una decadenza accentuata dagli occhi febbrili e la volontà di incollare l'impermeabile al corpo, di chiuderne il collo con le mani per non lasciar sfuggire il calore. Ha visto Carvalho uscire dalla banca e lo segue cercando di non farsi notare. Giunta a un angolo, si ferma e si appoggia al muro. Suda. Chiude gli occhi, ma li riapre subito perché Carvalho non le scappi, il che sta proprio per accadere per via del semaforo che è diventato giallo. Carvalho ha già raggiunto il marciapiede opposto. La donna si lancia sul selciato e accelera l'andatura.

Anche se a confermarne la qualità sono le riviste specializzate per gourmet e ghiottoni in genere, è qualcosa di poderoso come l'istinto a guidare una e più volte Carvalho verso Casa Leopoldo, un ristorante di casata nobile alle porte del Barrio Chino barcellonese. Istinto e memoria. Istinto del palato soddisfatto e memoria del palato immaginario, quando Casa Leopoldo era la Mecca gastronomica di un quartiere senza altri punti cardinali gastronomici al di fuori delle avventure di fame e sazietà dei personaggi dei fumetti del dopoguerra. Era un territorio scelto per appuntamenti con persone sensibili al piacere del mangiare e del bere, disposte a sorprendersi davanti all'opulenza dei vassoi colmi di pesce e crostacei offerti da Germán a una clientela tanto fedele quanto abbandonata alla sua ispirazione di maître, erede di una tradizione culinaria e tra i catalani più esperti in flamenco e tori. Germán sapeva che Carvalho gli avrebbe lasciato fare e impartiva ordini in cucina su misura per il commensale: anguille minuscole con prosciutto d'anatra, seppie saltate, scamponi, pesciolini fritti, tutti i frutti di mare a portata di mano e, nel caso non bastasse a saziare l'appetito, Germán aveva già individuato un pesce fresco per quattro che certamente sarebbe finito nello stomaco di Carvalho e in quello del suo unico ospite. Chi sarà oggi? Germán propone a Carvalho un bianco del Penedés che sa di suo gradimento, ma il detective porta scritto nell'intenzione e nel desiderio il nome del Waltrau de Torres, e lo ordina.

"Ti sembra vada bene il Waltrau?"

L'altro commensale ha una fiducia non meno cieca che doverosa.

"In queste cose sei tu a decidere. Di che cosa mi avevi chiesto? Ah, sì. Club Lion? Nessun'idea."

Sul tavolo di Casa Leopoldo hanno disposto un po' alla volta l'insalata, il pane e pomodoro tostato e ora un vassoio con anguillette e prosciutto d'anatra.

"Non li avevo mai assaggiati."

L'accompagnatore di Carvalho si veste come un dirigente aggressivo e si sorprende quando servono un altro vassoio di pesciolini fritti.

"Questo per cominciare."

"E cominciamo bene. Lo sapevo già che un pranzo con te era tutto un avvenimento."

"Come vanno gli affari?"

"La pubblicità va malissimo. Inghiotte tutto la televisione insieme a quattro grosse ditte che hanno le loro agenzie preferite."

"La vostra è una di queste."

"Sì, ma puoi contare sempre su meno inserzionisti, e questo è pericoloso. Club Lion. Non ne ho sentito parlare, ma posso fare una ricerca in prefettura e vedere se è registrato."

"Non lo sono tutti?"

"Certo che no. Sono spuntati club clandestini dediti al gioco o a chissà cosa e non si registrano di sicuro in prefettura. Nascono, fanno quel che hanno da fare, e spariscono quanto prima. Ricordi quella moda di qualche anno fa? Il gioco della piramide. Di fatto molti domicili privati si erano trasformati in club provvisori."

Il silenzio, la gravità del buon cibo, la serenità di sapere che il prossimo piatto sarà all'altezza dei precedenti. Seppioline, gamberi, scampetti.

"Attenzione, questo pomeriggio devo lavorare."

"Sono cibi leggeri, facili da digerire. È semplice per un uomo con le caratteristiche di quello che ti ho descritto ottenere le carte di club privati o sale di prestigio?"

"Mi hai detto che era un impiegato bancario di alto livello. Forse queste ditte negoziano con le banche."

"Non quadra con il personaggio."

Carvalho gli mostra una foto.

"Eppure ti dico che questo viso non mi è nuovo. L'ho già visto. Ancora?"

Il padrone del ristorante sta servendo loro un'orata per due, aperta, alla griglia e poi passata delicatamente al forno, succosa. Carvalho non le leva gli occhi di dosso, come se le volesse parlare.

"Tieni conto che stiamo andando verso una catastrofe alimentare. Non lasciare per domani tutto quel che puoi mangiare oggi."

"Potrebbe anche essere un club gastronomico."

"Il club Lion?"

"Ultimamente sono apparse associazioni analoghe alle *peñas* gastronomiche basche. Un gruppo di amici si associa, affittano un locale, ci mettono dei fornelli fenomenali, una buona cantina, e avanti a cucinare."

"Questa città si sta incivilendo."

"L'altro giorno hanno passato un film in tivù che mi ha fatto pensare. Si chiamava *Come eravamo*. L'hai visto, Pepe?"

"No."

"È un film su una coppia di studenti universitari americani, dagli anni trenta fino al giorno d'oggi. Dalle lotte in favore della Repubblica spagnola fino alla crisi dello spirito del Sessantotto. Lui è uno di quelli dai sentimenti tiepidi che vi si adeguano, e lei invece milita sempre in favore delle cause perse. Non ti dice niente?"

"Non ancora."

"Ogni volta che mi sento bene, che sono felice per via di cose così, mangiar bene, sentirmi sicuro e soddisfatto, penso proprio a questo, a come eravamo. Avevi mai immaginato di essere così soddisfatto, così come lo sei adesso dopo un pasto splendido? Mi pare che abbiamo consumato gli anni della nostra gioventù a preparare l'assalto al Palazzo d'Inverno e ora finalmente dobbiamo ammettere di preferire le anguille e il prosciutto d'anatra."

"I paragoni sono tutti odiosi."

"Alcuni più odiosi di altri. Ti ricordi di quando ero un eroe universitario torturato dalla polizia franchista? O di te più o meno nella mia stessa situazione?"

"Tu sei sempre stato più eroico e più torturato."

"Forse per questo il cambiamento è maggiore. Almeno, così lo sento io. Anche se mi sento ancora vibrare davanti alle vecchie promesse che ci facevamo e ho ancora una certa tendenza a rifiutare il potere, come se il potere fosse immancabilmente perverso. Non molti giorni fa ho letto una frase di uno scrittore più o meno della nostra stessa età, un po' più giovane, Eduardo Mendoza. Hai letto qualcosa di suo?"

"Non leggo neanche i dépliant di propaganda che mi ritrovo nella cassetta della posta."

"Ebbene, Mendoza diceva: Tra i sogni della nostra generazione, quello del potere non aveva uno spazio. Di cosa ridi?"

"Non lo direbbe nessuno."

"Sì. È vero. Tutti abbiamo del potere e difendiamo questo nostro piccolo territorio di potere."

"Io non ho potere."

"Tutti hanno un qualche potere e tutti lo esercitano. Qualcuno dipende da te. Tu sei il potere. Certo che il potere vero è tutt'altra cosa. Quanti amici, vecchi compagni, sono ora prefetti, sindaci, addirittura ministri?"

"Avevo pochi amici e non sono aggiornato sui loro successi."

Adesso mi mostrerà la foto dei bambini, quella della villa, quella della barca di otto metri, quella del viaggio in Egitto scattata dall'imbarcadero dell'hotel di Assuan, lo stesso che si vede in *Assassinio sul Nilo*.

"A proposito. Hai visto *Assassinio sul Nilo*?"

"No."

C'è soddisfazione, promessa di sorpresa nel gesto dell'altro quando prende il portafoglio e sceglie le foto principali che tiene come un tesoro. Carvalho accetta le foto del Nilo, ma appena le foto diventano più private, famigliari, con la scusa di un ritorno di memoria, a proposito di fotografie... introduce nell'album nostalgico dell'amico la foto di Joaquín Tauste.

"Chi è questo qui?"

"La persona di cui ti ho parlato."

"Ah."

Si sente in dovere di dire qualcosa ma tutta la sua capacità di ragionare è occupata dal discorso interrotto della propria memoria. Carvalho accetta di guardare le foto dei ragazzi: il maggiore si è già iscritto alla facoltà di Scienze economiche.

"È un fottuto conservatore. Se mi distraggo appena un po' finirà col votare per Pujol."

Ma al momento dei saluti, il dirigente gli chiede la foto del giovane Joaquín.

"Dammela. Non si sa mai. Insisto, la sua faccia non mi è nuova."

Carvalho si infila in calle San Olegario ed esce in Conde dell'Asalto. Cerca la Rambla e va verso l'ufficio. A pochi metri lo segue la stessa donna del mattino. Sembra più calma, come se fosse entrata nell'*adagio* dell'inseguimento. Si ferma alla stessa edicola sulle Ramblas dove il detective compra un giornale e lei la rivista "Lecturas", tanto per comprare qualcosa. Carvalho entra nel bar dove Bromuro lavora come lustrascarpe e gli mette la scarpa sotto il naso con un semplice buonasera di saluto.

"Sei preso fino ai capelli?"

"Vado di fretta e ho bisogno di qualche informazione."

Bromuro si ficca due dita nelle orecchie, finge di frugarci dentro e commenta:

"Mi sono pulito le orecchie. Avanti. Sputa il rospo".

"Club privati in cui si gioca."

"Tutta roba da Diagonal in su."

"Qualcuno li organizza, li protegge e poi li fa scomparire."

"Qualcuno. Ma dalla Diagonal in su. Te lo dico io, Pepe. Non cercarli da queste parti."

"Ma ti suoneranno i nomi di certi club e di certe persone. Per esempio, il club Lion."

"Non ne ho un cacchio di idea."

"Joaquín Tauste."

"Mai sentito nominare."

"Questa faccia."

Il lustrascarpe piega un po' la testa di lato per vedere meglio la fotografia.

"La ragazzina ha un certo non so che."

"Lui."

"Uno come tanti e come nessuno. Non l'ho mai visto in vita mia. Di che si occupa?"

"Sta marcendo nel cimitero del Sud-Ovest."

"Non siamo nulla. E lei?"

"Pure."

"Incidente d'auto?"

"Incidente di pistola. Freddati con due colpi."

"Che selvaggi, bella com'era la piccola... Ah, Dio, Dio. Ci hai dato così poco, e le donne hanno bisogno di tanto. Una volta ho conosciuto un signore molto istruito che aveva una sua teoria per tutto, Pepiño, e gli ho esposto la mia filosofia. Osservi un po', gli ho detto, come sono fatte male le cose, anche se poi i preti ci vengono a dire che il mondo è fatto bene. Una donna regge venti scopate di fila e rimane fresca come una rosa mentre un uomo, se gli riesce di arrivare alla quinta, è ridotto in polpa trita buona per fare gli hamburger. È giusto? Una donna può soddisfare molti uomini. Un uomo invece riesce a malapena a fare il suo dovere e questo è quanto. Ci avevi mai pensato? No. E te lo dico io il perché. Perché siamo dei maschilisti."

"Anche tu, Bromuro?"

"E perché no? Io sono un uomo contemporaneo, cioè del mio tempo. È questo che ho detto a quell'uomo tanto istruito, e lui mi ha risposto: Dio ha fatto la donna insaziabile e l'uomo limitato perché la terra si popoli lo stretto necessario, né più né meno. Bello stronzo, questo scienziato. Alcuni vedono tutto dal lato positivo."

La donna è lì, ora sta appoggiata a una colonna del porticato, ora fa finta di girovagare tra la fauna di vecchi al sole, bambini che giocano alla corrida, piccoli spacciatori di droghe leggere, pesanti, lente e rapide.

Biscuter si offende se Carvalho mangia al ristorante. Mangiare fuori casa rovina lo stomaco, prima o poi la si paga, capo, altroché se la si paga. Non si sente l'alito cattivo? Mi vuol far vedere la lingua, capo? No, non gliela vuole far vedere. Dal cucinino Biscuter recita ad alta voce il menu che potrebbe preparare purché Carvalho si fidi più di lui che dei ristoranti. E inoltre, costano una fortuna. Una volta l'anno va anche bene, in una giornata speciale, per esempio, la festa del quartiere o l'onomastico.

"Da quanto tempo non festeggia più il suo onomastico, capo?"

"I miei genitori erano atei."

"E il compleanno?"

"Non compio gli anni dal 1963."

La litania di Biscuter è un paesaggio sonoro sullo sfondo che gli serve e lo rilassa, ossessionato com'è dal caso Tauste. Carvalho medita nella penombra dell'ufficio. Una storia ovvia, complicata dal desiderio di una madre di possedere il figlio oltre la morte.

"Nemmeno dopo morto sei riuscito a liberarti della protezione dei genitori."

Il dialogo tra Carvalho e la fotografia è impossibile e squilla il telefono a rompere il climax d'impotenza che cominciava ad avvolgere Carvalho.

"Senti, sono Paco Rodés. Non mi avevi detto niente della doppia vita del tuo amico."

"Di quale amico?"

"Quello di cui mi hai dato la foto al ristorante."

"Joaquín Tauste?"

"Joaquín Tauste, sì, più noto come Toni. Mi sono preso il disturbo di controllare in prefettura la situazione del club Lion e infatti è un club clandestino apparso e scomparso la primavera scorsa. Quanto a Joaquín, c'è sotto qualche altarino. Non mi hanno voluto dire niente, ma c'è qualche altarino."

"Non sarà il padre?"

"No. Il figlio. Un pasticcio di quelli seri. Tanto che non mi hanno voluto dire niente. Senti, ho dovuto fare il tuo nome e spiegare un po' di che si tratta. Ti spiace?"

"E che ci posso fare. Avrò la polizia addosso. Ma prima o poi doveva capitare. Hanno preso qualcuno legato al club Lion?"

"Un argentino di nome Montalbetti. È stato lui a pagare per tutto il casino. È al carcere Modelo, o ci è stato fino a poco fa. Ma se è ancora dentro, non sarà per molto. Ha alle spalle dei pesci grossi."

"Joaquín Tauste figlio, ha precedenti?"

"Penali, no. Non è stato nemmeno schedato per un fermo di polizia, ma su di lui sanno vita e miracoli e il prefetto mi ha detto testualmente, ripeto, testualmente: un bel tomo, quel Tauste."

Un bel tomo quel Tauste, e lei don Joaquín senza saperne niente o forse sapendone, cieco davanti all'evidenza che né la vita né i figli sono come ce li aspettavamo.

"Ti piacerebbe avere un figlio, Biscuter?"

"Molto, capo. E, se vuole sapere la verità, non so se ce l'ho o se non ce l'ho."

È riapparso lo sgorbietto ad avallare con il suo corpo striminzito e il respiro da asmatico la storia promessa dal suo stesso silenzio, una storia in grado di suscitare aspettative. Carvalho ha giunto le mani e abbandonato la schiena alla spalliera della poltrona, segno che è disposto ad ascoltare.

"Ecco, una volta ho avuto una fidanzata ad Andorra, capo, poco prima che lei mi conoscesse al carcere di Lérida. Io lavoravo come fattorino addetto agli acquisti per la cucina di un albergo di Andorra, e nel portafoglio non mi mancava mai un biglietto da mille pesetas. Giovane e con soldi, può immaginare, capo. Lei era un'aiutante di cucina e, così è la vita, facevamo quelle cose un giorno sì e l'altro pure. Io sono molto caldo, capo, se vedo una donna non capisco più niente. Non sono come sembro, per via di questo mio aspetto debole, e mi prendono per un culo o per una donnicciola. Ricorda quella volta che il cuoco ciccione del carcere di Lérida mi voleva scopare?"

"Félix, quello degli aborti."

"Già me lo sentivo dentro, capo. Perché gli dava una mano Antonio, il Coscianera. Lo ricorda quel tizio, capo? Non gliene fregava niente di dove lo cacciava, pur di intingere il biscotto. Ebbene, con quella ragazza ci furono i soliti alti e bassi, e lei voleva che la sposassi, così mi disse che quel mese non le erano venute le sue cose. Io mi son visto legato e quel fine settimana ho soffiato una Gordini e sono andato a puttane a Seo de Urgel. Mi hanno acciuffato ancora una volta, e così ho perso di vista la ragazza e tutto quel che poteva arrivare. Non creda. Molto spesso ci ripenso, può darsi che si sia trattato di uno sbaglio. Lei che ne pensa?"

"Un giorno ti imbatterai in un ragazzone che ti butterà le braccia al collo dicendoti: papà!"

"Se è un ragazzone non sarà di certo figlio mio, perché lei era così piccola da non arrivare all'altezza del lavello."

La storia ha dato di sé quanto ci si poteva aspettare e Carvalho si scopre con la fretta di tornare da Bromuro per passargli le nuove informazioni ricevute. Scende alle Ramblas e lo cerca nei posti dove suole catturare, di tanto in tanto, un paio di scarpe.

Era ormai troppo tardi per le scarpe. Si era fatta sera, ed era sera anche per Bromuro. Non si stava nemmeno sbronzando di acquavite all'ingresso dell'Arco del Teatro, per cui Carvalho dedusse che per Bromuro era giunta l'ora di cena, in piedi davanti a un qualsiasi banco di un qualsiasi bar della zona, sempre all'interno del microclima di orride fritture da cui dipendeva Bromuro, benché le detestasse. Lo incontrò al terzo tentativo, nella situazione mista di lustrare le scarpe al padrone del bar e di spizzicare tocchetti di seppia in salsa da un piattino bianco. Strizzò l'occhio a Carvalho e continuò a lavorare di buona lena e a mangiare controvoglia mentre domandava al padrone gli ingredienti della salsa.

"Non ci avrà messo niente di chimico, vero, Moncho?"

"Ma che cazzo di chimica vuoi che ci metta, nelle seppie con la salsa?"

"Mi piace mangiare poco, ma roba fidata. Ti ho lustrato male le scarpe, Pepiño?"

Bromuro guardava verso Carvalho che lasciò cadere la sua scarpa nella cassetta appena Moncho ritirò le sue polacchine.

"Dobbiamo parlare ancora. Dimentica il nome che ti ho fatto prima. Che cosa ti dice il nome di Montalbetti?"

"Un sudamericano poco raccomandabile. Ha a che fare con le 'ragazze del relax', sai cosa intendo, massaggi thailandesi, francesi, greci."

"È al fresco."

"Ormai è uscito. Attento a quel tipo, Pepe. Faccende sporche. Entra ed esce con imputazioni grosse. Ai miei tempi questo aveva un nome."

Bromuro si porta due dita alle labbra e con esse si pinza la lingua.

"Ti suona il nome di un tal Toni associato a quel Montalbetti?"

"È facile che un nome del genere mi suoni qualcosa. Sembra quello di un parrucchiere. Ma quello pericoloso non era Montalbetti, bensì Arquímedes. Non so perché lo chiamino così. Dicono che sia di origine greca, chissà. È lui a dirigere tutto il casino del gioco clandestino e della prostituzione sui piccoli annunci. Sai cosa intendo: vedova catalana offresi signore agiato oppure tedesca seicento chili, una tempesta di carne a tua disposizione."

"Anche lui entra ed esce?"

"No, quello lì non si muove. Avrebbero bisogno di una gru. A entrare e uscire è Montalbetti. Arquímedes lo trovi sempre intorno a plaza Calvo Sotelo. Vive da quelle parti e non può spostarsi più di duecento metri. È una balena."

Con la maestria dovuta alla pratica, Carvalho ficca un biglietto da mille pesetas nel taschino del gilet del lustrascarpe. Una carta verde, Pepiño, buon segno. Gli affari ti vanno bene.

"Se dirige il gioco clandestino e tutto il resto vuol dire che glielo lasciano fare."

"Glielo lasciano fare e lui a sua volta tiene il tutto entro certi limiti e la malavita non traborda. Lo sai che talvolta le cose funzionano così."

Carvalho raggiunge di nuovo le Ramblas nel momento in cui queste modificano la loro fisionomia portuaria nel regno degli uccelli notturni della tratta delle carni e della droga. È l'ora in cui stanno per chiudere le bancarelle di pesce fresco al mercato della Boquería e Carvalho risale il viale in cerca di una spigola che vuole preparare al forno con del finocchietto per invitare a cena il giorno dopo l'amministratore Fuster, il suo vicino di casa a Vallvidrera. Fuster gli ha promesso una partita di tartufi di Villores e bisogna essere in grado di ricambiare. Lancia un'occhiata meccanica al portone della casa dove ha l'ufficio e rivede la donna esitare su una decisione che sta per prendere da un momento all'altro. Non gli sembra ancora matura per quel che aspetta e tra l'abbordarla e il proseguire verso la Boquería, sceglie la strada della spigola. Poi, davanti all'offerta dei vassoi di vimini si troverà senza intenzioni concrete: dei bellissimi pesci di scoglio lo tentano a un brodo di pesce per un risotto o a un guazzetto specialissimo. Ma gli torna in mente, nel dubbio, una delle affermazioni preferite di Charo: l'intenzione migliore è la prima. E sceglie la spigola, ma poi, quando l'ha già pagata, pensa che la settimana è lunga e compra un chilo di pesce di scoglio. Spigola domani. Guazzetto dopodomani e così finché morte non ci separi.

La donna è stata sorpresa proprio mentre sta attraversando la strada davanti al locale notturno Panam's. L'uomo magro e bruno l'afferra per un braccio.

"Cosa fai qui? Cosa stai cercando?"

"Vado dove mi pare, no?"

"Non prendertela. È solo curiosità. Ti abbiamo visto girare qui intorno da diversi giorni. Cerchi qualcosa?"

La donna si libera di colpo e si mette a correre. Si tuffa nel portone del palazzo dove si trova l'ufficio di Carvalho, sale le scale e bussa con le nocche sulla porta di vetro smerigliato.

"Arrivo. Arrivo."

Apre Biscuter.

"Mi faccia entrare, per favore, mi inseguono!"

"Il capo non c'è."

"La prego. Mi faccia entrare."

Biscuter esce sul pianerottolo e si affaccia alle scale.

"Qui non c'è nessuno. Mi ascolti. Non si può entrare."

Ma la donna è già dentro l'ufficio e si è lasciata cadere sulla prima sedia che ha trovato, ansimante e con gli occhi chiusi. Come ad ascoltare i battiti del cuore. Si siede e Biscuter fa lo stesso su un'altra sedia. Si studiano da due stanchezze diverse. Lei è sopraffatta da un lungo pellegrinaggio-fuga, lui dalla soporifera penombra che risponde alla politica di risparmio con cui veglia sull'avvenire di Carvalho. Lei è la prima ad addormentarsi, senza crollare grazie a una segreta tensione da ossatura minacciata. Poi è la testa di Biscuter a lasciarsi andare, finché il cervello gli diventa di sasso, anche se da un remoto sfondo la coscienza gli manda messaggi di veglia. Quando Carvalho entra nell'ufficio con le mani piene di pesci tarda a scoprire i dormienti distanti in quel bagno di ombre. Accende la luce ed è come un segnale imperioso che mette in moto il corpo di Biscuter quasi fosse collegato al circuito elettrico e più lentamente quello della donna in lotta contro un'antica spossatezza. Carvalho lascia che Biscuter si riprenda con gli occhi sgranati e si siede in una poltrona lasciando la spesa sulla scrivania.

"Metti questa in frigo, Biscuter."

Ubbidisce macchinalmente anche se sa di dovergli una spiegazione. Ma non sa né quale sia, né il perché. Carvalho studia il lento ritorno della donna alla sua circostanza.

"Non ho il piacere di conoscerla."

Nel frattempo, Biscuter ha ritrovato la logica perduta e irrompe gridando nella stanza.

"Capo, io non volevo farla entrare, ma si è cacciata dentro."

Carvalho osserva la donna che non sembra essersi ripresa ancora del tutto.

“Signora, lei è tenace. Mi segue da ieri e finalmente si è decisa ad abbordarmi.”

“Se n’era reso conto?”

“Lo fa malissimo.”

“Sono in pericolo. Mi vogliono uccidere.”

“Uccidere è più difficile di quanto si pensi.”

“Tutto è cominciato dopo l’assassinio di Toni e di sua moglie.”

“Toni? Vedo che lo conosceva con il nome di battaglia.”

“Per me Toni è sempre stato Toni. Non mi è mai interessato quel che era prima che lo conoscessi.”

Lascia che maturi la sua decisione di parlare.

“Ha mangiato qualcosa?”

“No. Sono ore che non mando giù un boccone. Forse giorni.”

“Biscuter, risolvi questo problema. Una tazza di brodo caldo e una omelette fatta al volo.”

“*Aux fines herbes*, capo?”

“Con quel che ti pare.”

“Non ho appetito.”

“Non mi fido della gente che parla a stomaco vuoto.”

Le spiego. Tutto ebbe inizio grazie al padre di Toni. Io avevo comprato un appartamento presso l’immobiliare per la quale lavorava come appaltatore e socio, e c’era qualcosa che non soddisfava del tutto i miei bisogni. Lo stesso Joaquín venne a vedere di cosa si trattava e capì subito il mio mestiere. Faccio lo stesso mestiere dell’amica con cui spartivo l’appartamento. Cominciò a menare il can per l’aia e finalmente mi propose di inaugurare l’appartamento. Lo inaugurammo. In seguito, tornò diverse volte. Nonostante quel corpaccione e quelle maniere era un uomo dolce e un giorno mi disse:

“Ho un ragazzo, mio figlio, che in avvenire farà grandi cose, ma per quanto riguarda le donne lo vedo un po’ inibito. Perché non mi dai una mano? L’incontro lo combino io”.

Il ragazzo, di inibito niente. Rise di quanto il padre aveva detto sul suo conto.

“Mi tratta come un bambino.”

“E tu digli che non sei un bambino.”

"Preferisco che sia tu a dirglielo."

Era insaziabile e sveglio. Io gli aprii la prospettiva di una nuova vita. Gli presentai i miei amici. Cercai di evitare altri incontri, ma era impossibile. Imparava veloce e quel mondo l'affascinava. Un mondo di giocatori, di persone che una sera hanno molto e il giorno dopo nulla. Quando me ne resi conto ormai era troppo tardi e Toni, si faceva chiamare Toni perché il suo nome non gli piaceva, si era già messo nei pasticci con dei pesci grossi. Un giorno Arquímedes diede una festa nella sua tenuta sulla costa e presentò Toni come uno dei suoi collaboratori più validi. Non mi trattenni più e gli feci una scenata.

"Ma lo sai dove ti sei cacciato?"

"Non parlarmi anche tu come mio padre. Lasciami fare la persona per bene di giorno e la puttana di notte. Così vivo due vite."

"Quelli lì ti spremeranno per bene e poi ti butteranno via o ti consegneranno tranquillamente alla polizia."

"So badare a me stesso, piccola. Non farmele girare."

Toni dovette commentare il fatto con Arquímedes perché da quel giorno mi videro come il fumo negli occhi e per me iniziarono i guai. Un giorno vennero a prendermi in due e mi massacrarono di botte. Mi diedero un pugno qui al fegato, e persi conoscenza. Mi svegliai in un ospedale, ancor oggi non mi sono ripresa del tutto. La mia relazione con Toni era ormai finita. Venni a sapere del suo matrimonio e allo stesso tempo della sua morte, e a partire da allora sono cominciate a piovermi addosso minacce, telefoniche e scritte. Un giorno è venuto a trovarmi suo padre e mi ha detto che c'era qualcosa di strano nella morte del figlio. Dimostrandomi così che non sapeva nulla della sua doppia vita. Fu lui a dirmi che pensava che sua moglie si fosse rivolta a un detective privato. L'ho seguito perché temevo che partissero le indagini, che si cominciassero a scoprire i suoi segreti e i ragazzi di Arquímedes finissero col credere che ero stata io a parlare. Ho seguito il vecchio, che mi ha portato a lei. Sono stata aggredita proprio ora. Qui sotto.

Il telefono. Carvalho prende il ricevitore controvoglia. Sorride e risponde a monosillabi. Attacca.

"Era la polizia. Vuole parlarmi. A proposito, è strano che la polizia permettesse che Toni facesse l'apprendista gangster di sera e il procuratore di una succursale bancaria di giorno."

"Toni le faceva alcuni favori."

"Era un informatore?"

"Toni aveva capeggiato un piccolo gruppo di picchiatori organizzato da un club di karate. Era appassionatissimo di karate e suo padre non ne era al corrente. Forse per questo gli piaceva tanto."

"Cosa c'entra il gruppo di picchiatori con la polizia?"

"Il gruppo gli consentiva di avere informazioni su certe attività delle fazioni di estrema destra..."

"E Toni le passava alla polizia. Accidenti, questo Toni. Un delitto senza un chiaro movente che diventa un delitto cui ha potuto contribuire un bel numero di elementi. A cominciare da quel gentiluomo, Arquímedes, per finire con l'ultimo picchiatore fazioso."

"Mi incastreranno! Diranno che sono stata io a smuovere le acque! Mi uccideranno!"

Si era messa in piedi, isterica, e batteva i pugni sul petto di Carvalho. Una manata del detective le piegò la testa di lato e lei assecondò il movimento per lasciarsi cadere sulla sedia.

"Adesso penseremo a lei."

Il commissario Contreras guardò Carvalho al suo solito modo. Uno sguardo che voleva dire: Lo sa che gliela possiamo far pagare cara? Si passò una mano sulla faccia e sembrò dimenticare Carvalho che se ne stava seduto indifferente sulla sedia davanti alla scrivania. Infine Contreras, ricaricate le batterie della pazienza, disse:

"Vediamo un po', vediamo un po', vediamo un po'. Dubito che lei sia duro di comprendonio, eppure si fatica a farle capire che certe faccende riguardano la polizia, la po-li-zia, e che cacciarvi il naso non solo è pericoloso, ma è anche un reato. La polizia dispone di strumenti di ricerca formidabili, di migliaia di funzionari, computer, collegamenti internazionali e lei, in confronto, è una specie di ciabattino. Perché non bada ai fatti suoi?".

"Intende dire perché non faccio l'annusapatte?"

"Non mi faccia dire cose che non ho detto. Bene. Le carte sono in tavola. Il caso Tauste è stato risolto. L'assassino è stato arrestato."

"Mi complimento."

"Smetta di complimentarsi e se ne vada a casa a dormire."

"Può dirmi chi è l'assassino o devo leggerlo domani sul giornale?"

"Tutto come previsto, ma con maggiori legami con la vittima. Un vecchio amico, un maniaco appassionato, secondo lui, di sociologia sessuale. Viveva in una comune alla Floresta e aveva avuto alcuni dissapori con il morto per via di certi rapporti, insomma... Il maniaco è matto da legare. A dire il vero, è finito più di una volta in manicomio. È stato provato che seguì gli sposini nel loro viaggio verso il Monastero di Pietra."

"Che cosa è stato provato?"

"Si era fermato a bere qualcosa in un bar sulla strada e perfino il cameriere poté notare quanto fosse nervoso."

"Ha... confessato?"

"Quasi."

"Cosa vuol dire quasi?"

"Per il momento dice di non averlo fatto, ma dice anche che la voglia non gli era mancata."

"Non vorrei abusare della sua gentilezza, mi consente ancora una domanda, signor Contreras?"

"Avanti, se è proprio l'ultima e per una lunga stagione."

"Joaquín Tauste era un vostro confidente? Il nome di Toni, legato ad Arquímedes e Montalbetti, le dice qualcosa?"

Il commissario fece faccia da poker.

"Mi sembra male informato."

"Posso andarmene?"

Il commissario allargò le braccia, quasi per offrire a Carvalho tutte le porte della Questura centrale. Quando il detective aveva già un piede fuori della porta, si udì la voce di Contreras.

"Non cacci di nuovo il naso in questa faccenda. A volte, volendo pescare un merluzzetto, si finisce in mezzo ai pescecani."

Inconfondibile nella sua grassezza sparsa su una paziente poltrona di vimini, Arquímedes sorseggiava un vermouth al tavolino di un bar all'aperto di plaza Calvo Sotelo, oggi Francesc Macià. Aveva le palpebre abbottonate per sonnecchiare, ma di tanto in tanto le apriva per studiare le donne che passavano lungo il corridoio aperto tra i tavolini del bar e le facciate dei palazzi.

"Arquímedes? Signor Arquímedes?"
Gli occhi dell'uomo si aprirono in due strette fessure e videro un Carvalho con un sorriso leggero, quasi amabile. A un tavolino non lontano qualcuno si è mosso. Due tizi si sono alzati e avanzano verso il tavolo di Arquímedes. La manona di Arquímedes impedisce loro di intervenire. Dalla gola gli esce una voce afona, come se la trascinasse per le tubazioni prima di farla uscire.
"Giovanotto, dica pure."
"Il mio nome è Carvalho, sono un detective privato e vorrei scambiare due parole con lei."
"Scambiare due parole. Che modo buffo di dire. Ha. Ha. Ha."
La risata mise in movimento tutta la geografia del corpo di Arquímedes.
"Sono molto appassionato di giochi di parole. Si sieda, Carvalho. Per me è un onore ricevere un grande professionista come lei."
"Mi conosce?"
"La sua fama ha superato i confini dei quartieri poveri e ha raggiunto quest'altra Barcellona, quella del denaro e della luce. Che cosa posso fare per lei, figliolo?"
"A tutti e due interessa sapere cosa sia capitato al suo collaboratore Joaquín Tauste, meglio noto come Toni."
"Buio totale. Non ne so nulla di nulla. È sicuro che questo Tauste...," rise di nuovo, "collaborava con me? Ne ho tanti, io, di collaboratori!"
"Conoscendo la doppia vita del ragazzo, l'omicidio ha tutto l'aspetto di un regolamento di conti."
"Diventa interessante. Ma regolamenti di conti di questo genere sono un messaggio per qualcuno che deve imparare una certa lezione. Capisce? Invece quel Tauste, da quanto ho letto sui giornali e se è vero che aveva una doppia vita, è stato assassinato insieme alla sua giovane sposa. Che lezione è questa? Una lezione indirizzata a chi?"
"Cioè, non è stato lei."
La risata congestionò tutta la pelle visibile dell'agghindato Arquímedes.
"La sua impertinenza è ammirevole. Perché non parla con il commissario Contreras? È lui a condurre il caso e ha capito perfettamente che né io né nessuno legato a me ha ammazzato quel ragazzo. Tra Contreras e me ci sono state

abbastanza spiegazioni e non vedo il motivo di darle anche a uno sconosciuto."

"Un momento fa mi ha detto che ero conosciutissimo."

Gli occhi del grosso rospo si sono chiusi. Anche la bocca. Ma si apre quando Carvalho comincia ad alzarsi.

"Lei ha una fidanzata in posizione irregolare."

"La parola irregolare è così poco precisa."

"Voglio dire che esercita la prostituzione liberamente, e questo è irregolare."

Si sono riaperti gli occhi di Arquímedes e il suo sorriso.

"Capisco l'avvertimento."

Arquímedes si stringe nelle spalle.

"Non sono di quelli che credono nella necessità di controllare tutto al cento per cento. Ma sappia che sono un uomo prudente che gradisce la prudenza altrui e si mostra implacabile con le imprudenze."

Di tutta la conversazione, Carvalho memorizza la minaccia a Charo. È il suo punto vulnerabile, e non è la prima volta che Charo ha pagato le conseguenze delle sue indagini. Entra nella prima cabina che trova per avvertirla subito. Di non uscire. Di non aprire a nessuno prima che lui arrivi. E quando esce dalla cabina trova ad aspettarlo un uomo bruno e tutto muscoli, ma languido come un giocatore italiano di biliardo.

"Carvalho."

"Dipende."

"Il mio nome è Montalbetti e mi manda il signor Arquímedes."

Carvalho si guarda intorno. Lo circonda un capannello improvvisato di cinque picchiatori travestiti da gangster postmoderni con cappelli alla Indiana Jones e abiti della sartoria di Adolfo Domínguez.

"E questi fanno parte del coro?"

"Possono farne parte. Il signor Arquímedes mi vuole a sua disposizione per informarla su quanto vuole sapere di Toni."

Carvalho sospetta che lo stiano intrattenendo mentre qualcun altro va a cercare Charo e scosta Montalbetti con un gomito.

"Ho fretta. Mi aspetta il dentista."

"Ha trovato una cattiva scusa, una scusa pericolosa. Forse non ha bisogno di andarci proprio oggi."

"Perché non minacci tuo padre con quella boccaccia che ti ritrovi?"

Il bavero di Montalbetti è, come tutti i suoi indumenti, interamente spiegazzato, ma i compagni di spedizione non sono d'accordo con l'aggressività di Carvalho e stringono il cerchio.

"Non è il posto migliore per farti il trattamento che ti meriti, ma sta pur certo che ci rivedremo, Carvalho. Caccia il naso nella fica della tua puttana e non nelle faccende di Arquímedes o saranno cavoli amari."

Carvalho molla il bavero che torna lentamente al suo spiegazzamento originale e sale sul primo taxi che trova. Abbandona l'auto nel suo parcheggio-rifugio e durante il tragitto fino a casa di Charo si complica mentalmente il sistema per recuperarla, come se si inventasse una preoccupazione inutile e grottesca. Charo ha la testa piena di bigodini e risponde con due arrivo arrivo irritati per via del campanello impaziente. Si apre la porta e appare Carvalho. Senza dire nulla si infila nell'appartamento e a gesti fa capire di chiudere la porta.

"Fai le valigie e sparisci per una settimana."

"Ma insomma. Ma cosa ti sei messo in testa? Ci vediamo a ogni morte di papa e ora vieni qui con queste pretese."

"Charo, non farne una tragedia. È inevitabile. Mi sono cacciato in un brutto pasticcio e puoi uscirne male. C'è di mezzo il capo della prostituzione organizzata e mi ha fatto il tuo nome come per caso, ricordandomi che lavori per conto tuo."

"Ossia, devo subire io le conseguenze dei pasticci del signorino, che si ricorda di me solo quando gli passa per dove dico io."

"Le prediche, fammele dopo. Ma ora, subito, vattene da qui."

"Ma guarda come sono conciata..."

Indica i bigodini.

"Riempi una piccola borsa, e senza fretta scendi in strada e sali su un taxi. Lo lasci e sali su un altro dove meglio ti pare. Ne prendi un altro ancora e vai al Teatro Greco di Montjuïc. Davanti alla porta ci sarà Biscuter ad aspettarti con la mia macchina e ti porterà in certe terme di Caldes de Montbui."

"Alle terme, io? E perché mai?"

"Per il fegato. Ti lamenti sempre del tuo fegato."
"Ma tu... sei proprio matto..."
Carvalho la bacia sulle labbra passandole davanti, raggiunge la porta e dice:
"Biscuter ti aspetta tra un'ora".
Charo è rimasta a bocca aperta, si guarda intorno per accertarsi di vivere una situazione reale, poi si arrabbia e butta il pettine contro la porta che Carvalho ha lasciato aperta. Ci ripensa, corre alla porta, e la chiude. Poi la blocca con la catenella e la spranga.

Biscuter ha imparato a essere pronto per le situazioni di emergenza, soprattutto di crisi economica e persecuzione poliziesca contro il suo padrone. Ma non gli era mai venuta in mente la possibilità di essere spostato dalla sua branda per una donna inseguita da oscuri timori. Ma lei è lì, Nanny, che si riprende da veglie, e Biscuter si ritrova con le ossa indolenzite da un'intera nottata di sonno sul pavimento, con una vecchia coperta di cotone a fargli da materasso.
"Vai a dormire a Vallvidrera."
"E chi protegge la ragazza, capo? Il mio dovere è affrontare il pericolo nelle ore difficili."
"Allora, fa' il tuo dovere."
Tira su le vecchie ossa malconce per preparare un conato di colazione che Carvalho frustra irrompendo nell'ufficio, svegliando Nanny, consentendole di lavarsi alla meno peggio e portandosela via senza badare alle ragioni dietetiche di Biscuter.
"Non si può cominciare la giornata a stomaco vuoto."
"È un modo come un altro di cominciarla."
E Carvalho porta Nanny a spasso per la Barcellona più popolata e centrale, le consente di fare colazione in un bar dove tradizionalmente si servono tutti i funzionari del comune e del Governo autonomo, con la tranquillità di chi mostra la città a una forestiera giunta di recente.
"Perché è così nervosa?"
Nanny fa spallucce ma non smette di guardare i clienti del bar.
"Quest'esibizione pubblica mi sembra una cattiva idea. Abbiamo passeggiato per tutta Barcellona. Forse sono matta, ma ho paura. Mi sento inseguita."

"È possibile. In ogni caso mi sono permesso di studiare un piano che può dare buoni risultati. Affittiamo due appartamenti vicini. Li ho già localizzati. Finché l'indagine va avanti, lei vive in quello di sotto e io in quello di sopra. Questo la farà sentire sicura."

Gli occhi della donna si sono riempiti di lacrime.

"Perché fa questo per me?"

"Lo faccio per me. Ho già abbastanza preoccupazioni per dovermi preoccupare anche di lei. In questo modo lei è sotto controllo e tranquilla."

Camminano per strada. Carvalho la prende per un braccio e lei l'osserva inquisitiva e subito dopo guarda a destra e sinistra, dietro, davanti.

"Ci possono vedere."

"Non si spaventi. Tra qualche ora lei sarà la donna invisibile."

"Non sa che cosa non darei per esserlo davvero."

"Per adesso, più si farà vedere, e più sarà sicura."

"L'ho sentito in troppi film, e suppongo pure lei l'abbia sentito: so troppe cose."

"Infatti. Mi suona."

Conduce la donna lungo le strade del Distrito V in cerca delle Rondas e lancia occhiate alle sue spalle, come faceva Pollicino con le briciole di pane per segnare la via del ritorno. Si ferma davanti a una casa nuova che contrasta con l'orizzonte fine secolo dei palazzi cresciuti ai confini dell'Ensanche, chiudendo come una nuova muraglia piccolo-borghese la città che si credeva appena liberata dalle mura storiche.

"È qui."

Curiosità e diffidenza nei passi con le gambe leggermente aperte della donna e una certa rassegnazione quando entra in ascensore per inoltrarsi in qualcosa che non controlla. Guarda di tanto in tanto Carvalho come per riceverne la sicurezza che le manca.

"Mi pare che lei mi stia cacciando in una trappola."

"C'è chi paga per i miei servizi. Io le sto offrendo protezione gratis."

Man mano che gli occhi della donna si impossessano del piccolo appartamento, lei pare rassegnarsi alla nuova situazione e c'è perfino gioia nel suo atteggiamento quando scopre il bagno pulitissimo o la promessa di un sonno più confortevole.

"Dormire, dormire, dormire. Se riesco a dormire per ore, ore e ore, poi vedrò tutto con altri occhi."

"E che gliene pare dell'appartamento?"

Carvalho invita Nanny a fare qualche commento. Un piccolo appartamento ammobiliato che lei esamina soddisfatta e rilassata.

"Il mio è al piano di sopra, esattamente sopra il suo. Guardi cosa ho comprato."

Le consegna una sbarra di metallo che finisce con un gancio.

"Cos'è?"

"È tutto quello che ho trovato. È una gaffa da barca, ma non stiamo per salpare. La può adoperare così."

Carvalho prende la gaffa e la alza verso il soffitto. Se ne serve per colpirlo tre volte di seguito.

"Al primo segnale allarmante, appena qualcosa la inquieta pum, pum, pum. Pepe Carvalho sarà qui in un attimo. Pesa poco. È di alluminio."

Gliela lancia e lei la prende al volo.

"Tutto chiaro?"

"Tutto."

Carvalho si volta per andarsene.

"Aspetti."

Lei gli prende le mani. C'è gratitudine nel gesto. Ci sono lacrime negli occhi.

"Molte grazie."

Alza le labbra e le posa soavemente su quelle di Carvalho. Si guardano. Ripete il bacio che si dilata. Il terzo è un bacio lungo e profondo. Carvalho le slaccia la camicetta, gliela toglie, balzano fuori due seni veterani ma sodi. Lei chiede una tregua per chiudere le tapparelle, lasciare la stanza in penombra e ritrovare in essa la sicurezza concessale dall'ambiguità della sua splendida maturità nuda. I giochi sessuali diventano fugacemente giochi amorosi e c'è tenerezza nella voce della donna che gli chiede protezione, come c'è nei gesti di Carvalho che la accarezzano quasi fosse una patria. E poi l'uomo e la donna affrontano l'anonimato del soffitto di una stanza transitoria e non si dicono niente, saggi e consapevoli di quanto sia facile dire delle sciocchezze nelle situazioni transitorie. Lei si assopisce e Carvalho la contempla rispettoso del pudore con cui le ombre truccano la macerazione del corpo femminile nudo. E quando Nanny dorme con tutte le conseguenze di un sonno antico e profondo, Carvalho si alza silenzioso dal letto, si veste teso dalla responsabilità di non svegliarla e le scrive una nota: "Chiudo dall'esterno perché stai dormendo. Ti lascio una copia delle chiavi. Quando ti svegli, chiudi dall'interno. Non tarderò".

Ha urgenza di fare un'ispezione nell'appartamento di Charo. Riattraversa la geografia del Distrito V per raggiungere la casa, costruita nello spazio libero che il piccone del trionfalismo speculativo aveva cominciato ad aprire nelle vecchie carni della parte di città più umiliata e offesa. Charo gli ha dato retta. "Me ne vado perché non voglio pasticci. Ma che sia l'ultima volta che mi complichi la vita. Ti presenterò il conto per tutti i clienti che mi fai perdere." Lo mortificò o allarmò che Charo gli ricordasse il danno economico che le procurava il fatto di non prostituirsi per qualche giorno con i suoi clienti telefonici. Lo metterà sul conto dei Tauste. Teneva due donne in sospeso: una come esca per volontà propria e l'altra in salvo da un pericolo che aveva condizionato lui. Charo lo preoccupava, per Nanny sentiva un certo rimorso che cercò di annientare con una mangiata sufficiente al Pà i Trago dove andò ricordandosi che era il giorno della *escudella i carn d'olla*. Meditò davanti alla casseruola divisa in due zone, risultato formale dell'adattamento del vasaio alla metafisica di un piatto doppio: minestra con grossi conchiglioni di pasta rigata e bollito di carne, patate, cavolo e ceci. Ogni bollito è lo spettacolo dell'abbondanza e appartiene alla più ardita memoria della fame e della fame saziata. Per questo Carvalho fu felice in modo primitivo e uscì in strada con la mente sgombra e il passo sicuro. Passeggiò in città. I suoi percorsi abituali. Le Ramblas. La Boquería. L'ufficio. Il giornale. Chiacchierata con Bromuro nel bar mentre gli pulisce le scarpe con esagerazione. Intuisce di essere seguito e, infatti, una mano in fondo a un braccio che esce dal finestrino di un'auto segue, sigaretta dopo sigaretta, gli spostamenti di Carvalho. E poi, quando Carvalho è sdraiato sul letto a guardare il soffitto del nuovo appartamento, qualcuno bussa alla porta. Guarda dallo spioncino mentre preme con una mano la pistola che porta sul cuore. È Nanny. Apre e gli si presenta scalza, con un ampio pigiama che rende più attraente quel che nasconde.

"Non abbiamo parlato di come bussare per fare l'amore." Dice lei. Sorride e si infila tra le braccia di Carvalho.

È notte. Carvalho si assopisce con la luce accesa. Qualcuno ha aperto il portone con una chiave piatta e sale silenziosamente le scale, facendo apposta a meno dell'ascensore che rimane fermo a offrire il suo fascino illuminato. I passi dell'individuo si avvicinano sempre più alla porta di Nanny. Carvalho si è definitivamente addormentato al piano di sopra. La mano dell'intruso ha preso un'altra chiave che inserisce nella serratura della porta. E apre. La porta non fa rumore mentre gira sui cardini. L'uomo entra in anticamera. In fondo si scorge un po' di luce e man mano che l'uomo si avvicina si vede Nanny in pigiama, sul letto, intenta a leggere una rivista alla luce di una piccola lampada. Carvalho continua a dormire. Nanny ha notato qualcosa perché alza gli occhi e il terrore si impossessa del suo volto.

"Tu?"

La donna cerca con gli occhi la gaffa. È lì, accanto al tavolino da notte, si lancia per prenderla, ma nella mano dell'uomo si è materializzata una pistola.

"Ferma."

Nanny insiste, abbatte la lampada, diventa buio, ha preso la gaffa ma ha già su di lei il corpo dell'intruso; è un corpo forte che inizia una lotta impari, l'uomo schiaffeggia Nanny che ansima, lei riesce a saltar giù dal letto con la gaffa in mano e batte tre colpi sul soffitto, l'uomo le si butta addosso e Nanny lo colpisce con la sbarra di alluminio. L'uomo la prende per la cintura e lei fa in tempo a colpire di nuovo il soffitto. Carvalho dorme. Nanny è crollata a terra. Tra luci e ombre il suo viso passa dal terrore alla volontà di sopravvivenza, di lotta per la vita. Carvalho si è svegliato di soprassalto. È accaduto qualcosa, ma non sa bene cosa... Si sdraia a terra con un orecchio sul parquet... Si alza di colpo, prende la pistola che tiene sotto il cuscino e scende al piano di sotto. La porta è aperta. Corre verso il luogo da cui proviene il rumore della lotta. Due corpi si dibattono, l'ansimare di Nanny indica che qualcuno la sta strangolando e Carvalho accende la lampada del soffitto mentre grida:

"Fermo o sparo!".

Termina la lotta. Il corpaccione si alza e a poco a poco

si volta. Don Joaquín è ormai faccia a faccia con la pistola di Carvalho.

"Tutto resta in famiglia. Stiamo per fare un'interessante chiacchierata."

"Nessuno l'ha chiamata. Questa è una casa privata. È da tempo che volevo regolare i conti con questa donnaccia."

Nanny è riuscita ad alzarsi, ha le mani sul collo, respira male, va verso il bagno.

"Comincia a parlare o chiamo la polizia. Per il momento ha il vantaggio di essere il mio cliente."

Abbattuto dal proprio peso e da una pena occulta, l'uomo si è seduto sul letto disfatto.

"Se lei sapesse. Se lei sapesse."

Nanny è riapparsa sulla soglia della porta. La paura è svanita come un dopo sbornia sopportato troppo a lungo e c'è risentimento e durezza nella sua voce ormai sicura.

"Sparagli un colpo in mezzo alla fronte. Non sarà una gran perdita. Mi voleva uccidere."

"Ero accecato. Un momento di follia."

"Un momento di follia che è maturato ora dopo ora. Mentre mi seguiva. Non credo che sia arrivato qui per intuito femminile. E adesso racconti al suo detective privato quanto è accaduto quel giorno, il giorno più bello della sua vita."

"Era il giorno più bello della mia vita. Ma lei me l'ha rovinato. Tutto è cominciato poco dopo che i ragazzi sono partiti per il viaggio di nozze. Era il momento più felice della mia vita e a un tratto si è presentata questa troia, isterica, disposta a fare il diavolo a quattro. Gli invitati rimasti, ormai erano pochissimi, erano sorpresi, e immagini mia moglie. Me la sono portata in disparte e lei mi ha raccontato una storia incredibile, indispettita perché mio figlio si era sposato, suppongo. Mi ha detto che il ragazzo era un gangster implicato in un mucchio di affari sporchi e tutto perché mio figlio non l'aveva voluta."

"Tu. Sei stato tu a costringerlo a lasciarmi e a sposare quel giglio immacolato."

"Taci, e lascia che don Joaquín finisca la sua storia. Perché ha appena cominciato. Non è vero? Perché ha ucciso suo figlio e sua nuora?"

L'uomo ha ricevuto un pugno in qualche parte del corpo e dell'anima e sbatte in silenzio le palpebre per guadagnare tempo e tramare pensieri e parole. Balbetta qualcosa che somiglia all'espressione dell'estraneità, ma l'atteggiamento di Carvalho è sempre quello di chi aspetta una confessione irrevocabile.

"È molto duro quel che mi ha detto, signor Carvalho. Io non la pago per farmi accusare da lei. Non l'ho ingaggiata perché poi lei mi... cerchi di capirmi. Non ha senso."

"È stata sua moglie a venire da me. Non lei."

"Senza il mio permesso non avrebbe mai osato."

"Questa volta sì. Torniamo all'inizio della storia. Nanny si presenta al matrimonio. Si mette a gridare. Le apre gli occhi sulla condotta di suo figlio."

"Non mi aveva convinto. Erano tutte sporche menzogne."

"No. Non erano sporche menzogne."

Dolce, tranquilla, la voce di Carvalho. Nello sconcerto, Joaquín Tauste cerca dove aggrapparsi, braccato dall'implacabile sicurezza di Carvalho e dallo scherno risentito della donna.

"Questa malnata è venuta lì fuori di sé. Ha cominciato a farmi dei nomi, a fare riferimenti concreti. Era incredibile. Il mio ragazzo. Il mio Joaquín. Perché? A che gli serviva tutta quella spazzatura? Le ho detto che mentiva e lei mi ha risposto di chiederlo a lui. Non ho capito più niente. Sono tornato a casa con mia moglie e la prima intenzione è stata di telefonare, ma mi sembrava ridicolo. Se lo immagina un dialogo simile tra padre e figlio al telefono? Senti, figliolo, è vero che sei un delinquente? Non riuscivo a dormire. Ho preso l'auto e mi sono messo in strada. Ci sono almeno quattro o cinque ore di macchina, per cui sono arrivato che era quasi l'alba. Sono andato direttamente in albergo. L'ho trovato in camera con la moglie, e gli ho dato appuntamento fuori, nel bosco, senza di lei. Ma quando ci siamo incontrati, vidi che se l'aveva portata.

"Vattene," le dissi. "La cosa va risolta tra Joaquín e me. Ho detto di andartene."

"E io le dico di rimanere."

"Sei tu a volerlo. Adesso saprai che uomo hai sposato."

Gli ho detto tutto quello che questa puttana mi aveva fatto sapere e lui incassava come se gli stessi lanciando dei fiori.

"Dimmi che non è vero, Joaquín."

"Più o meno."
"Ma perché? Che bisogno avevi?"
"Ho diritto di vivere la mia vita. Ero stufo della tua protezione, mi soffocava. Mi hai trovato lavoro, amanti, perfino la fidanzata."
La poveretta ascoltava quel che ci dicevamo e non capiva nulla o capiva troppo. Ho perso la testa. Credevo di parlare con il mio Joaquín di sempre e gli ho dato uno schiaffo. Non lo avevo mai fatto. Si è ribellato picchiandomi con rabbia, con crudeltà... Mi ha lasciato per terra ridotto uno straccio. La rabbia e il dispetto, l'amarezza, non so. Ho reagito ed è cominciata una lotta bestiale in cui non potevo vincere. Alla fine, ho preso la pistola e ho sparato un solo colpo. Il mio Joaquín è caduto a terra, con le mani che premevano la ferita quasi per non lasciar sfuggire la vita, poverino."
L'uomo piange, tira su con il naso, cerca di vedere oltre le lacrime l'apparire di una qualche compassione sul viso di Carvalho.
"E la ragazza?"
"Cercavo di farle capire cosa era successo... Ma hai visto che cosa ha fatto a suo padre? Hai visto come mi ha picchiato? Ma lei non mi faceva caso, abbracciava il cadavere, piangeva, lo chiamava per nome."
Tende le mani come per implorare una comprensione che Carvalho gli rifiuta e Nanny gli sputa addosso.
"Non dargli ascolto. L'ha ucciso perché si era invaghito di lei, e la ragazza non gli badava."
"Taci, tu, hai già fatto abbastanza male. Hai fatto male a tutti noi."
"Inseguiva la ragazza come un bavoso. Il vecchio sporcaccione."
"Il colpo mi è partito quasi da solo. Suona bene, detto così, ma le assicuro che è vero. Ho premuto il grilletto quasi controvoglia, non so, il colpo è partito quasi da solo e la piccola è caduta sul corpo di mio figlio. E poi è venuto il peggio..."
Adesso li esamina chiedendo quantomeno aspettativa per una rivelazione fondamentale.
"Il peggio è stato portare mio figlio in acqua. Peggio che ucciderlo. Trascinare quel corpo che avevo portato in braccio... quando era bambino... e buttarlo in acqua. Era tanto

fredda. Tanto fredda. Povero figlio mio. Che freddo avrai avuto."

Nanny si sente di nuovo sicura di sé. Si veste di spalle ai due uomini. Riprende le sue cose e se ne va incrociando gli occhi di Carvalho come unico saluto. Lo sguardo di lui è ironico, quello di lei un addio per sempre.

"La lascia andare?"

"È maggiorenne."

"È lei la sola colpevole. È stata lei a far entrare Joaquín nella malavita. È stata lei a mettermi una pistola in mano."

"Nanny la denuncerà. Così riuscirà a liberarsi da quei delinquenti che la inseguono e dalla minaccia che suppone."

"E lei? Lei cosa farà, Carvalho?"

"Il mio cliente è sua moglie. Le passerò un rapporto e una fattura."

"Ma cosa pensa di quanto è accaduto? Mi ritiene colpevole?"

"Sì. Ma la sua colpa viene da lontano. Quasi quasi me la sento di dire che tutti gli omicidi sono conseguenza di una vecchia colpa."

"Ho fatto tutto per lui."

"Tutto. Assolutamente tutto."

Indice

Stampa Grafica Sipiel
Milano, marzo 2001